• • • • 공부습관을 잡으면 **성적과 학습능력은** 저절로 올라간다!

자기 분야에서 눈에 띄는 성과를 이루어 낸 많은 사람들은 한 목소리로 좋은 습관이 성공의 열쇠였다고
말합니다. 공부도 마찬가지입니다. 자신의 페이스를 꾸준히 유지하며 공부하는 습관을 들인다면 학습능
력과 성적은 저절로 따라 올라갑니다.

• • • • **올바른 공부습관**이 없다면 학습능력은 사상누각!

본격적인 학교 공부를 시작하는 시기인 초등학교. 바로 이때 공부습관을 제대로 잡아 주는 것이 무엇보
다 중요합니다. 이때 형성된 공부습관이 이후 중 · 고등학교에서의 학업 성취도를 좌우하기 때문입니다.

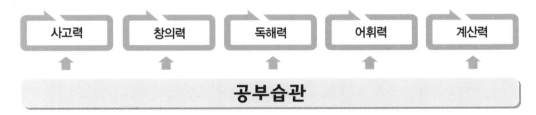

• • • • '워밍업 → 해결전략연습 → 의욕충전'의 3단계 학습법

본격적인 운동을 하기 전에 준비운동으로 몸을 풀면, 안전하고 더욱 효과적인 운동을 할 수 있습니다. 공
부를 시작하기 전에도, 먼저 두뇌를 공부할 수 있는 상태로 풀어 주어야 더욱 효율적인 공부를 할 수 있습
니다. 공습에서는 준비운동을 통해 두뇌를 공부 모드로 바꿔 준 다음, 해결전략을 연습하는 문제를 풉
니다. 그리고 공부 의욕을 높이는 짤막한 글로 마무리하여 학교 · 학원 공부를 더욱 충실히 수행할 수 있
도록 합니다.

▶ 전략 훈련 문제 ◀
해결전략에 따라 순서대로
문제를 푸는 습관 키우기

워밍업

▶ 다양한 퍼즐 ◀
공부를 시작하기 위한 준비운동

해결
전략
연습

의욕
충전

▶ 마무리 글 ◀
긍정적인 공부 태도 충전

" 공습으로 잡는 3대 공부습관 "

···· 첫째, 스스로 공부하는 습관

잔소리를 해서 공부를 시키는 부모와 잔소리 때문에 억지로 공부하는 아이, 모두 스트레스를 받습니다. 그러나 억지로 하는 공부는 오히려 아이에게 공부에 대한 반감만 일으킬 뿐입니다. 일단 아이의 공부 부담부터 줄여 주세요. 남들 한다고 따라서 이것저것 아이에게 시키지 마세요. 이 시기에는 하루하루 꾸준히 스스로 공부하는 습관을 잡아 주는 것만으로도 충분합니다.

공습은 하루 10분, 부담 없이 재미있게 공부할 수 있습니다. 아이와 하루 10분 공습 공부를 약속하고 지켜 보세요. 시키지 않아도 스스로 공부하는 아이를 만날 수 있을 것입니다.

···· 둘째, 차례차례 문제를 해결하는 습관

긴 글만 보면 괜히 주눅이 들어서 자기가 가지고 있는 실력을 100퍼센트 발휘하지 못하는 아이들이 많습니다. 이것은 무엇보다 문제의 핵심이 무엇인지 파악하는 훈련이 되어 있지 않기 때문입니다. 학년이 올라갈수록 문제를 분석하여 해결 방법을 찾는 능력이 많이 요구됩니다. 초등학교 때부터 차례차례 문제를 해결하는 방법을 훈련하여, 이를 습관으로 만들어야 합니다.

공습은 절차적 문제해결전략을 반복해서 훈련함으로써, 핵심을 잡아내는 공부습관을 만듭니다.

···· 셋째, 꾸준히 공부하는 습관

하루 세 끼 규칙적으로, 알맞은 양을 먹는 것이 건강을 지키는 방법입니다. 공부도 마찬가지입니다. 매일매일 아이가 할 수 있는 양만큼만 꾸준히 공부한다면, 아이는 공부와 시험에 대한 부담을 덜어 내고, 자신의 실력을 차곡차곡 쌓을 수 있습니다. 꾸준히 공부하기 위해서, 우선 아이 스스로가 공부는 할 만한 것이라는 자신감과 재미를 가져야 합니다.

공습은 문제해결전략만 이해하면 누구나 풀 수 있습니다. 따라서 아이는 문제를 풀면서 자신감을 갖게 되고, 이러한 자신감은 공부에 대한 재미로 이어져 꾸준히 공부할 수 있는 습관을 만듭니다.

" 공습의 훈련 프로그램 - 공습국어 초등독해 "

•••• 글을 빠르고 정확하게 읽는 습관을 잡는다.

책을 많이 읽는 아이가 반드시 국어 성적이 좋은 것은 아닙니다. 한쪽으로 치우친 소재와 갈래의 글만 읽거나, 책을 덮고 나면 읽은 내용이 무엇인지 모르는 아이에게 또 어떤 잔소리를 하시겠습니까? 책 읽은 양만큼 국어 능력을 올리려면, 책을 읽고 난 다음에 글 전체의 짜임, 글의 내용, 글의 주제 등을 읽어 내려는 노력이 있어야 합니다. 공습국어 초등독해는 다양한 소재와 형식의 글을 제시하여 아이의 편독을 줄이고, 또 글을 빠르고 정확하게 읽는 방법을 반복적으로 훈련합니다. 그래서 아이가 언제, 어디서, 어떤 글을 읽더라도 글의 핵심을 제대로 집어낼 수 있도록 만듭니다. 공습국어 초등독해는 아이에게 책을 사 주는 것 말고는 달리 방법을 모르는 부모 대신 제대로 글 읽는 법을 가르칩니다.

•••• 감 못 잡고 권수만 채우던 읽기에서 핵심을 쏙쏙 뽑아내는 체계적인 읽기로

어릴 때부터 꾸준하고 올바르게 다듬어진 독해 능력은 모든 학습의 밑바탕이 됩니다. 글의 종류와 짜임, 그리고 상황에 맞게 핵심을 찾아 읽어 내는 것을 '정독'이라고 합니다. 그러나 책을 많이 읽는다고 해서 누구나 정독을 하고 있는 것은 아닙니다. 많은 양의 독서가 저절로 정독 습관을 가져다주는 것도 아닙니다. 다양한 글을 본격적으로 읽기 시작하는 초등학교 단계에서부터 글을 제대로 읽을 수 있는 틀을 다져주어야 합니다. 공습국어 초등독해는 다양한 글을 읽고 글의 핵심을 체계적으로 파악하는 전략을 훈련시키며, 나아가 이를 습관화시키는 과학적 프로그램입니다.

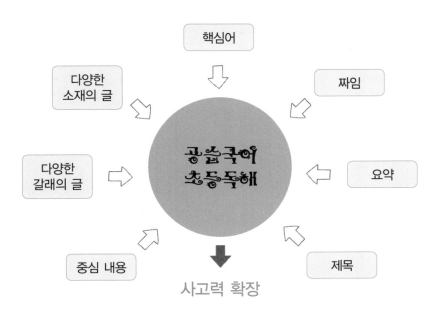

" 『공습국어 초등독해』 활용 방법 보기 "

하나 처음 일주일 정도는 아이와 함께 하세요.

공습국어 초등독해의 독해 전략을 아이가 이해할 수 있도록 일주일 정도는 아이와 함께 문제를 풀어 보세요. 각 각의 전략 단계를 어떻게 풀면 되는지 설명해 주고, 채점을 통해 다시 한번 짚어 줍니다.

둘 매일 1회분씩 꾸준히 하도록 유도하되 강요하지 마세요.

아이에게 공부하라고 말하기 전에, 먼저 공부할 수 있는 환경과 조건을 만들어 주세요. 그리고 아이가 스스로 공부할 때 까지 지켜봐 주세요. 또한 하루에 1회분 이상 진도를 나가지 않도록 지도해 주세요. 하루에 2회분 이상의 문제를 푸는 것은 꾸준한 공부 습관 형성에 방해가 될 수 있습니다.

셋 아이의 수준에 맞게 단계별로 선택하세요.

독해 능력은 시간에 여유를 두고 차근차근 키워 가는 것입니다. 선행 학습을 시킬 마음에 무리해서 높은 단계를 풀게 하면, 아이가 글을 읽는 재미를 잃어버릴 수 있습니다. 또한 도전 시간을 통과하고 점수를 잘 받도록 하기 위해, 아이의 실력에 비해 너무 낮은 단계를 풀게 하면 독해 능력이 향상되지 않습니다.

공습국어 초등독해는 단기적으로 국어 '성적'을 높이기 위한 교재가 아닙니다. 공습국어 초등독해의 목적은 국어 '능력'을 높이는 것으로, 이것은 장기간의 훈련과 노력을 필요로 합니다. 아이의 독해 실력에 맞는 단계를 선택할 때 최고의 효과를 얻을 수 있습니다.

단계	구성	글의 소재	글의 갈래
1 · 2학년	30회		
3 · 4학년	30회	사회, 역사, 시사, 인물, 언어, 문화, 과학, 예술, 종교, 정치, 경제, 건강, 상식 등	설명하는 글, 주장하는 글, 인터뷰 형식의 글, 기사글, 대화글 등
5 · 6학년	30회		

넷 걸린 시간과 정답 개수를 꼭 적도록 하세요.

공습국어 초등독해는 문제마다 걸린 시간과 정답 개수를 적도록 하고 있습니다. 아이들이 문제를 푼 다음, 걸린 시간을 적을 수 있도록 미리 시계를 준비해 주세요. 제시문의 길이와 난이도, 문제의 개수에 따라 도전 시간에 차이를 두었습니다.

욕심이 앞서서 글 읽기와 문제 풀이의 속도만 높이려 한다면 올바른 독해 습관을 익히는 데 해가 됩니다. 얼마나 빨리, 많이 푸느냐가 중요한 것이 아닙니다. 정독 능력과 사고력을 동시에 키우려면 문제 하나하나를 이해하고 파악해야 합니다. 도전 시간을 주고 걸린 시간과 정답 개수를 적게 하는 것은 집중력을 높이고 실력 향상의 재미를 느끼게 하기 위한 장치임을 꼭 기억하세요.

다섯 우리 아이, 이럴 땐 이렇게 하세요.

• 도전 시간 안에, 틀린 답 없이 문제를 풉니다.

뛰어난 독해 능력을 지녔습니다. 꾸준하게 훈련하면 글의 핵심을 파악하는 능력과 동시에 언어사고력 또한 발달할 것입니다.

• (도전 시간을 기준으로) 걸린 시간은 매우 짧은데, 정답률이 낮습니다.

문제풀이전략을 이해하지 못한 상태에서 건성으로 문제를 푼 것입니다. 문제의 틀을 이해시키고, 한 문제 한 문제 같이 풀어 보는 과정이 필요합니다.

• (도전 시간을 기준으로) 걸린 시간은 길지만, 정답률은 높습니다.

전략에 따른 문제 해결이 아직 익숙하지 않거나, 집중력이 오래 가지 못하는 것입니다. 그럼에도 문제를 꼼꼼하게 풀어낸 아이의 끈기를 칭찬해 주시고, 하루하루 지켜봐 주세요. 그리고 주변 환경을 정리하고 부모가 직접 시간을 재서 아이의 집중력이 흐트러지지 않게끔 도와줍니다.

• (도전 시간을 기준으로) 걸린 시간은 긴데, 정답률이 낮습니다.

문제풀이전략을 이해하지 못한 상태이며, 집중력 또한 떨어지는 것입니다. 옆에서 좀 더 지켜보며 문제 풀이를 설명해 주세요. 그리고 같이 소리 내어 제시문을 읽어 보거나 색깔 연필로 표시하며 문제를 푸는 등의 활동을 통해 문제 풀이에 대한 집중력과 재미를 길러 줍니다.

"『공습국어 초등독해』 구성 한눈에 보기"

공습국어 초등독해는 공부를 시작하기 위한 준비운동인 「머리 풀어주는 퍼즐」과 본격적인 문제해결전략을 연습하는 「빠르고 정확하게 읽기」(❶핵심어 찾기, ❷글의 짜임 그리기, ❸요약하기, ❹제목 달기), 그리고 공부 의욕을 높여 주는 「생각 다지는 글」로 구성되어 있습니다.

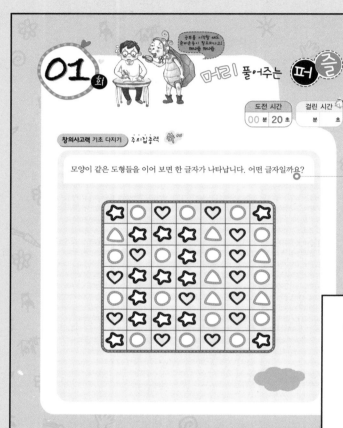

준비운동 – 머리 풀어 주는 퍼즐
다양한 퍼즐을 통해 두뇌를 공부 모드로 전환하고 아울러 창의사고력을 키웁니다.

제시문
다양한 소재를 다양한 갈래의 글로 표현하였습니다.

❶ 핵심어 찾기
핵심어를 찾으며 자연스럽게 글을 다시 한 번 읽고, 중요 내용을 눈에 담아 두도록 하는 문제입니다.

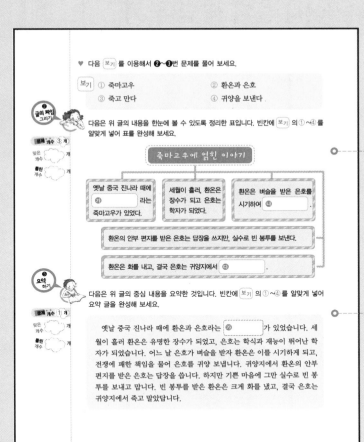

♥ 다음 보기 를 이용해서 ❷~❸번 문제를 풀어 보세요.

보기 ① 죽마고우 ② 환온과 은호
③ 죽고 만다 ④ 귀양을 보낸다

글의 짜임 그리기

다음은 위 글의 내용을 한눈에 볼 수 있도록 정리한 표입니다. 빈칸에 보기 의 ①~④를 알맞게 넣어 표를 완성해 보세요.

문제 개수 3개
맞은 개수 □ 개
틀린 개수 □ 개

죽마고우에 얽힌 이야기

| 옛날 중국 진나라 때에 ㉮ 라는 죽마고우가 있었다. | 세월이 흘러, 환온은 장수가 되고 은호는 학자가 되었다. | 환온은 벼슬을 받은 은호를 시기하여 ㉯ |

환온의 안부 편지를 받은 은호는 답장을 쓰지만, 실수로 빈 봉투를 보낸다.

환온은 화를 내고, 결국 은호는 귀양지에서 ㉰

요약 하기

다음은 위 글의 중심 내용을 요약한 것입니다. 빈칸에 보기 의 ①~④를 알맞게 넣어 요약 글을 완성해 보세요.

문제 개수 1개
맞은 개수 □ 개
틀린 개수 □ 개

옛날 중국 진나라 때에 환온과 은호라는 ㉱ 가 있었습니다. 세월이 흘러 환온은 유명한 장수가 되었고, 은호는 학식과 재능이 뛰어난 학자가 되었습니다. 어느 날 은호가 벼슬을 받자 환온은 이를 시기하게 되고, 전쟁에 패한 책임을 물어 은호를 귀양 보냅니다. 귀양지에서 환온의 안부 편지를 받은 은호는 답장을 씁니다. 하지만 기쁜 마음에 그만 실수로 빈 봉투를 보내고 맙니다. 빈 봉투를 받은 환온은 크게 화를 냈고, 결국 은호는 귀양지에서 죽고 말았답니다.

❷ 글의 짜임 그리기

복잡한 글도 간단한 도식(표나 그림)으로 정리하여, 글의 내용과 짜임을 한눈에 파악할 수 있도록 하는 문제입니다.

❸ 요약하기

❷의 결과를 문장으로 정리하는 문제입니다. 요약 글을 쓰는 방법을 알게 되고, 조각말들을 자연스럽게 연결하여 문장을 완성하는 훈련을 할 수 있습니다.

❹ 제목 달기

글에 가장 알맞은 제목을 찾는 문제입니다. 글과 제목 후보와의 관계에 대해 '왜 답일까?', 또는 '왜 답이 아닐까?'를 고민하며 사고력을 키울 수 있습니다. 또한 어떤 글이나 상황을 보고 그것을 한 번에 나타낼 수 있는 표현, 즉 핵심을 찾는 감을 키울 수 있습니다.

마무리 – 생각 다지는 글

공부에 도움이 되는 이야기, 좋은 생활 습관을 다지는 이야기 등 부모가 아이에게 해 주고 싶은 이야기를 다양하게 싣고 있습니다.

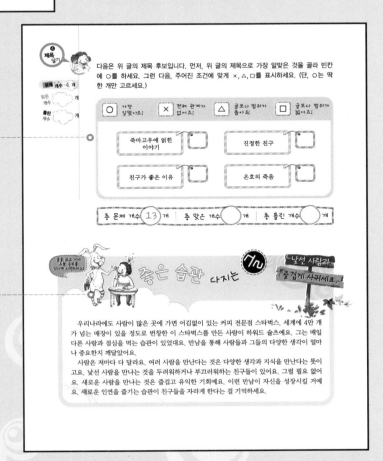

제목 달기

다음은 위 글의 제목 후보입니다. 먼저, 위 글의 제목으로 가장 알맞은 것을 골라 빈칸에 ○를 하세요. 그런 다음, 주어진 조건에 맞게 ×, △, □를 표시하세요. (단, ○는 딱 한 개만 고르세요.)

문제 개수 4개
맞은 개수 □ 개
틀린 개수 □ 개

| ○ 가장 알맞아요! | × 전혀 관계가 없어요! | △ 글보다 범위가 좁아요! | □ 글보다 범위가 넓어요! |

| 죽마고우에 얽힌 이야기 □ | 진정한 친구 □ |
| 친구가 좋은 이유 □ | 은호의 죽음 □ |

총 문제 개수 13 개 총 맞은 개수 ○ 개 총 틀린 개수 ○ 개

좋은 습관 다지는

낯선 사람과 즐겁게 사귀세요.

우리나라에도 사람이 많은 곳에 가면 어김없이 있는 커피 전문점 스타벅스. 세계에 4만 개가 넘는 매장이 있을 정도로 번창한 이 스타벅스를 만든 사람이 하워드 슐츠예요. 그는 매일 다른 사람과 점심을 먹는 습관이 있었는데요. 만남을 통해 사람들과 그들의 다양한 생각이 얼마나 중요한지 깨달았어요.

사람은 저마다 다 달라요. 여러 사람을 만난다는 것은 다양한 생각과 지식을 만난다는 뜻이고요. 낯선 사람을 만나는 것을 두려워하거나 부끄러워하는 친구들이 있어요. 그럴 필요 없어요. 새로운 사람을 만나는 것은 즐겁고 유익한 기회예요. 이런 만남이 자신을 성장시킬 거예요. 새로운 인연을 즐기는 습관이 친구들을 자라게 한다는 걸 기억하세요.

● 오늘의 읽기 자료입니다. 잘 읽고 아래 문제들을 풀어 보세요.

앞으로 50년 후엔 남태평양의 섬나라 투발루를 볼 수 없을지도 모릅니다. 지구 온난화로 해수면이 상승하여 매년 0.5~0.6mm씩 바닷물에 잠기기 때문입니다. 또한 그 때문에 지하수가 소금기를 띠자 코코넛 나무와 농작물이 죽어가고, 사람들이 먹을 식수조차 구할 수 없게 되었습니다.

해수면 상승만큼 열대 폭풍도 투발루 주민들을 두려움에 떨게 합니다. 과거에는 열대 폭풍이 일 년에 한두 번 발생했습니다. 하지만, 지금은 매달 발생하고 그 세기도 점점 강해지고 있습니다. 매년 2월이면 투발루는 연중 해수면이 가장 높은 '킹 타이드'로 큰 물난리를 겪는데, 주민들은 '킹 타이드'와 열대 폭풍이 한꺼번에 닥칠까 봐 공포에 떨고 있다고 합니다.

투발루 정부에서는 다른 나라로 집단 이민할 계획을 하지만, 이를 받아들이는 나라가 없는 상태입니다. 따라서 국제적인 노력이 없다면 투발루 주민들은 환경 난민이 될 처지입니다. 지구 온난화의 주범인 산업 시설과는 거리가 먼 남태평양의 작은 섬이 지구 온난화의 희생양이 되었습니다.

1-2. 핵심어 찾기 : 다음 낱말들이 위 글에서 몇 번씩 나왔는지 세어 보세요. 많이 나온 낱말이 위 글에서 가장 중요한 핵심어입니다.

해수면	지구 온난화	열대 폭풍	환경 난민	킹 타이드	남태평양
3	3	3	1	2	2

1-1. 핵심어 찾기 : 다음 낱말들 중에 위 글에 나온 낱말의 빈칸에 동그라미 하세요. 동그라미 한 낱말들이 위 글의 주제와 관련된 핵심어입니다.

해수면 상승	아프리카	지구 온난화	오존층	폭설	투발루	환경 난민
○	×	○	×	×	○	○

표 안의 낱말들이 지문에 나왔는지 확인합니다. 종류가 비슷하거나 글을 제대로 읽지 않으면 헷갈릴 만한 보기들이 있기 때문에 제시문을 잘 확인해야 합니다. 제시문의 해당 낱말에 표시를 하면서 답을 달도록 합니다.

표 안의 낱말들이 지문에 몇 번 등장했는지 세어 봅니다. 제시문의 해당 낱말에 표시를 하면서 숫자를 세도록 합니다.

♥ 다음 보기 를 이용해서 2~3번 문제를 풀어 보세요.

보기 ① 해수면 상승   ② 환경 난민   ③ 지구 온난화
      ④ 지하수의 소금기   ⑤ 국제적인 노력   ⑥ 열대 폭풍

2. 글의 짜임 그리기 : 다음은 위 글의 내용을 한눈에 볼 수 있도록 정리한 표입니다. 빈칸
   에 보기 의 ①~⑥을 알맞게 넣어 표를 완성해 보세요.

지구 온난화의 희생양, 투발루

| ㉮ ① | ㉯ ④ | ㉰ ⑥ |

| 매년 조금씩 바닷물에 잠기고 있다. | 식수 공급이 어렵다. 농사를 지을 수 없다. | 한 달에 한 번씩 발생한다. |

국제적인 노력이 없다면, 투발루 주민들은 ㉱ ② 이 될 것이다.

화살표 방향과 상자 안의 글이 무엇을 의미하는지를 잘 읽어보고 문제를 풀어야 합니다.

화살표 아래 글을 보고 지구 온난화로 인해 발생하는 현상을 〈보기〉에서 찾아야 합니다. 그러면 ㉮는 해수면 상승(①), ㉯는 지하수의 소금기(④), ㉰는 열대 폭풍(⑥)이 됩니다.

3. 요약하기 : 다음은 위 글의 중심 내용을 요약한 것입니다. 빈칸에 보기 의 ①~⑥을 알맞게 넣어 요약 글을 완성해 보세요.

   남태평양의 섬나라 투발루가 ㉮ ③ 의 희생양이 되었습니다. 극지방의 얼음이 녹으면서 해수면이 상승하자 섬나라 투발루가 조금씩 바닷물에 잠기고 있습니다. 지하수는 소금기를 띠어 식수를 구하기 어렵고 농사를 지을 수가 없습니다. 게다가 한 달에 한 번씩 발생하는 열대 폭풍으로 투발루 주민들은 두려움에 떨고 있습니다. ㉯ ⑤ 이 없다면, 머지않아 투발루 주민들은 환경 난민이 될 처지입니다.

글의 내용과 가장 잘 어울리는 낱말이나 문장을 〈보기〉에서 찾습니다. 〈보기〉에서 가장 적절한 것은 환경 난민(②)입니다.

2번의 짜임을 문장으로 연결한 것으로, 제시문의 주요 내용을 뽑아 간추리는 작업입니다.

4. 제목달기 : 다음은 위 글의 제목 후보입니다. 먼저, 위 글의 제목으로 가장 알맞은 것을
   골라 빈칸에 ○를 하세요. 그런 다음, 주어진 조건에 맞게 ×, △, □를 표시하세요. (단,
   ○는 딱 한 개만 고르세요.)

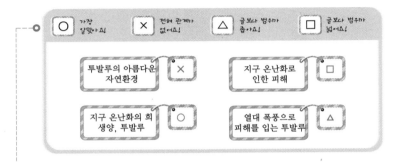

먼저 글의 내용을 가장 적절하게 대표하는 제목 후보를 골라 ○표를 합니다. 그런 다음 ×,
△, □ 표시를 합니다. ○를 제외한 나머지 부호들은 들어가지 않거나 몇 번 반복해서 들어가
는 경우가 있으니 지도에 유의해 주세요. 글에 나온 내용과 전혀 관계가 없는 후보일 경우에
는 ×표를 합니다. 글에 나온 내용이긴 하지만 글의 일부 내용만을 담고 있어서 글 전체를
포함하지 못하는 후보일 경우에는 △표를 합니다. 글에서 제시한 소재나 내용보다 범위가 넓
은 후보일 경우에는 □표를 합니다.

❶ **투발루의 아름다운 자연환경** : 제시문은 지구 온난화로 인해 바닷물에 잠겨 가는 투발
   루에 관한 글입니다. 따라서 이 글의 내용과는 상관이 없습니다.

❷ **지구 온난화로 인한 피해** : 투발루의 예는 지구 온난화로 인한 피해 중에 하나이므로,
   이 글의 제목으로는 범위가 너무 넓습니다.

❸ **지구 온난화의 희생양, 투발루** : 제시문은 지구 온난화로 큰 피해를 입어 머잖아 사라지
   게 될 투발루에 대한 내용입니다. 그러므로 이 글의 제목으로 알맞습니다.

❹ **열대 폭풍으로 피해를 입는 투발루** : 제시문에는 지구 온난화로 인해 투발루가 겪고 있
   는 피해의 예로 열대 폭풍 외에도 다른 사례들이 나옵니다. 따라서 이 글의 제목으로는
   범위가 좁습니다.

차례

Contents

공습을
시작하며...

•••• 매일 매일 즐거운 마음으로 공습국어 초등독해 1회부터 30회
까지 꾸준히 풀어 보세요. 자, 준비됐나요? 그럼 신나게 시작해 보세요!

머리 풀어주는 퍼즐

도전 시간	걸린 시간
00 분 20 초	분 초

창의사고력 기초 다지기 주의집중력 쏙~

다음 규칙을 잘 읽고, 화살표가 가리키는 방향을 따라 출발에서 도착까지 줄을 그어 보세요.

규칙

⇨ : 화살표가 가리키는 방향으로 한 칸 이동하세요.

➡ : 화살표가 가리키는 방향으로 두 칸 이동하세요.

출발 ➡

⇨	⬇	⇦	⬇	⬇
⬇	⇦	⇨	⬇	⇦
⇧	⇨	⬆	⇦	⬅
⬇	⇦	⬆	⬅	⬇
⬅	⬅	⬅	⬆	⇨

➡ 도착

● 오늘의 읽기 자료입니다. 잘 읽고 문제를 풀어 보세요.

　우리 옛 조상들은 건물에도 고운 옷을 입혀 주었답니다. 나무로 만든 건물에 여러 가지 색으로 그림이나 무늬를 그려 치장을 했는데, 이를 '단청'이라고 한답니다.

　단청을 칠하게 된 이유는 목조 건물*의 단점을 보완하기 위해서입니다. 우선, 단청은 다소 밋밋해 보이는 건물을 화려하고 아름답게 만듭니다. 게다가 건물이 지니는 웅장함과 엄숙함이 단청으로 더욱 드러나게 된답니다. 또한, 단청은 비바람과 해충으로부터 건물을 보호해 줍니다. 단청을 칠하면 나무가 썩는 것을 막고 벌레의 공격을 피할 수 있기 때문입니다.

　단청의 기본 색깔은 붉은색, 푸른색, 노란색, 흰색, 검은색으로 각각 남쪽·동쪽·가운데·서쪽·북쪽을 의미합니다. 다섯 가지 색이 각각 방위를 상징한다는 뜻에서 '오방색'이라고 합니다. 오방색에는 자연도 녹아 있습니다. 소나무 송진*의 그을음으로 검은색을, 조개껍데기 가루로 흰색을 만들어 낸 것처럼, 모든 색깔을 자연에서 찾아내어 만들었기 때문이랍니다. 하지만, 아무리 단청이 좋을지라도 백성들의 집에는 칠할 수가 없었답니다. 궁궐과 절 등 특별한 의미가 있는 건물에만 단청을 칠할 수 있도록 법으로 정해 놓았기 때문이지요.

목조 건물 : 나무로 만든 건물.
송진 : 소나무에서 흘러내리는 끈적끈적한 액체.

① 핵심어 찾기

다음 문장의 빈칸에 알맞은 낱말을 적어 보세요. 빈칸의 낱말이 위 글에서 가장 중요한 핵심어입니다.

문제 개수 1 개

맞은 개수 ◯ 개
틀린 개수 ◯ 개

　목조 건물에 여러 가지 색으로 그림이나 무늬를 그려 치장하는 것을 ☐☐☐ 이라고 합니다.

14

♥ 다음 [보기]를 이용해서 ❷~❸번 문제를 풀어 보세요.

[보기]	① 목조 건물	② 벌레의 공격
	③ 자연의 재료	④ 오방색
	⑤ 방위	⑥ 아름답게 만든다

❷ 글의 짜임 그리기

다음은 위 글의 내용을 한눈에 볼 수 있도록 정리한 표입니다. ㉮~㉯에 [보기]의 ①~⑥을 알맞게 넣어 표를 완성해 보세요.

문제 개수 4 개

맞은 개수 ◯ 개

틀린 개수 ◯ 개

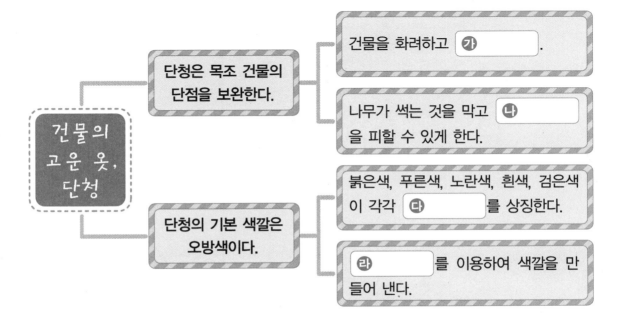

건물의 고운 옷, 단청

단청은 목조 건물의 단점을 보완한다.
- 건물을 화려하고 ㉮ .
- 나무가 썩는 것을 막고 ㉯ 을 피할 수 있게 한다.

단청의 기본 색깔은 오방색이다.
- 붉은색, 푸른색, 노란색, 흰색, 검은색이 각각 ㉰ 를 상징한다.
- ㉱ 를 이용하여 색깔을 만들어 낸다.

❸ 요약 하기

다음은 위 글의 중심 내용을 요약한 것입니다. ㉮, ㉯에 [보기]의 ①~⑥을 알맞게 넣어 요약 글을 완성해 보세요.

문제 개수 2 개

맞은 개수 ◯ 개

틀린 개수 ◯ 개

단청이란 ㉮ 에 여러 가지 색으로 그림이나 무늬를 그려 치장하는 것을 말합니다. 단청은 목조 건물의 단점을 보완해 줍니다. 건물을 화려하고 아름답게 하고, 나무가 썩는 것을 막고 벌레의 공격을 피할 수 있게 해 줍니다.

단청의 기본 색깔은 붉은색, 푸른색, 노란색, 흰색, 검은색으로 ㉯ 이라고 합니다. 다섯 색깔은 각각 방위를 상징하고 있으며, 자연의 재료에서 색깔을 만들어 냅니다.

❹ 제목달기

문제 개수 4 개

맞은 개수 ◯ 개

틀린 개수 ◯ 개

다음은 위 글의 제목 후보입니다. 먼저, 위 글의 제목으로 가장 알맞은 것을 골라 빈칸에 ◯를 하세요. 그런 다음, 주어진 조건에 맞게 ×, △, □를 표시하세요. (단, ◯는 딱 한 개만 고르세요.)

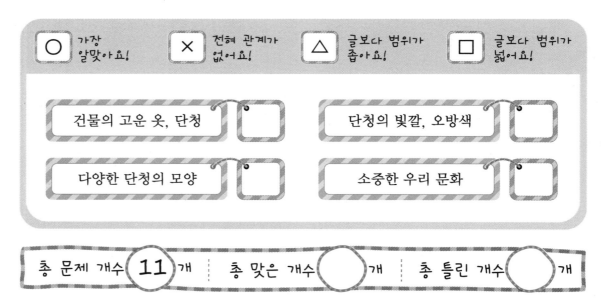

| ◯ 가장 알맞아요! | × 전혀 관계가 없어요! | △ 글보다 범위가 좁아요! | □ 글보다 범위가 넓어요! |

건물의 고운 옷, 단청 ◯

단청의 빛깔, 오방색 ◯

다양한 단청의 모양 ◯

소중한 우리 문화 ◯

총 문제 개수 **11** 개 ┆ 총 맞은 개수 ◯ 개 ┆ 총 틀린 개수 ◯ 개

글을 읽고 나서 오늘 공부를 신나게 시작하자고!

마음에 힘이 되는 72

해체된 가족에 따뜻한 시선을

　　가족 해체란 부부의 불화, 별거, 이혼, 경제적인 이유 등으로 따로 떨어져 사는 것을 말해요. 법원 행정처에 따르면 우리나라 이혼율은 9%랍니다. 10가족 중 하나는 이혼으로 가족이 해체된다는 뜻이지요. 이혼 말고도 크고 작은 사고로 가족이 해체되기도 해요.

　　가족 해체가 늘어나고 있는데 우리는 여전히 부모와 자식이 모두 다 같이 살지 않으면 결손 가정이라고 낮추어 봐요. 이런 편견은 그만 사라지면 좋겠어요. 특히 어린이들에 대해서는 더욱 그래요. 왜냐하면 어린이들은 가족 해체의 희생자이기 때문이에요. 해체된 가족의 어린이는 어머니와 아버지의 따뜻한 사랑을 받지 못하는 경우도 있답니다. 그러므로 가족이 해체되어 고통을 받는 친구를 보면 오히려 따뜻한 시선으로 보아 주면 좋겠어요.

16

창의사고력 기초 다지기 연상추리력 쑥~

가로 다섯 칸, 세로 다섯 칸의 정사각형 모양의 블록을 완성시키기 위해

서 와   블록을 각각 몇 개씩 사용해야 할까요?

(   )개   (   )개   (   )개   (   )개

● 오늘의 읽기 자료입니다. 잘 읽고 문제를 풀어 보세요.

에헴. 터줏대감 나가신다. 비켜서라. 단감, 곶감은 알아도 터줏대감이 뭔지 모른다고? 예끼, 요놈들. 난 집터를 지키는 신이다. 날 잘 돌봐야 재물도 쌓이고 좋은 일이 생기는 거란 말이다. 근데 요즘은 내가 숨 쉴 곳을 싹 없애 버리니 잔소리 좀 해야겠다.

옛날엔 어느 집이든 대문을 들어서면 넓은 앞마당이, 뒤에는 자그만 뒷마당이 있었지. 앞마당은 학교 운동장처럼 흙으로 잘 다져 놓을 뿐 화려하게 꾸미지 않았지만, 뒷마당은 꽃과 나무를 심어 가꾸고, 부엌 뒤편으로는 채소밭과 장독대를 놓았지. 마당은 집의 일부로 중요한 쓰임새를 지녔단다. 우선, 집 안을 밝게 비추어 주는 조명등이었지. 마당이 햇볕을 반사해 주었기 때문에 실내에서 생활하기에 별다른 불편함이 없었어. 그리고 여름철엔 바람이 나오는 선풍기가 되었지. 앞마당이 햇볕에 뜨겁게 달궈지면, 뒷마당의 시원한 공기가 바람이 되어 대청마루를 휙 지나갔거든. 마당은 만능 행사장이 되어, 사람들의 생활에 따라 언제든지 그 모습을 바꾸었지. 아이들이 놀 때는 놀이터가, 농사철엔 타작을 하는 작업장이, 혼례를 치를 땐 예식장이, 상을 당하면 장례식장이 되었지.

요즘은 대부분 양옥집이나 아파트에서 사니까 마당을 쓸모없다고 여기더군. 하지만 햇볕과 바람을 집 안으로 들여놓고, 기쁨과 슬픔을 나누었던 마당을 잊어선 안 돼. 비록 옛 모습의 마당은 아닐지라도, 집 앞 공원처럼 새로운 마당을 만들어야 사람들도 나도 숨을 쉴 게 아니야. 그래야 이 터줏대감이 오래도록 집터를 지키며 너희들을 보살필 수가 있지.

❶ 핵심어 찾기

다음 어휘들이 위 글에서 몇 번씩 나왔는지 개수를 세어 보세요. 많이 등장한 어휘일수록 글의 주제와 가장 관련이 깊은 핵심어입니다.

문제 개수 3 개

맞은
개수   개

틀린
개수   개

터줏대감	마당	집터

♥ 다음 보기를 이용해서 ❷〜❸번 문제를 풀어 보세요.

보기
① 새로운 모습의 마당
② 뒷마당의 공기가 바람이 되어
③ 만능 행사장
④ 기쁨과 슬픔을 나누었던
⑤ 조명등
⑥ 햇볕과 바람을 들여놓던

❷
글의 짜임
그리기

다음은 위 글의 내용을 한눈에 볼 수 있도록 정리한 표입니다. ㉮〜㉱에 보기의 ①〜⑥을 알맞게 넣어 표를 완성해 보세요.

문제 개수 4 개

맞은 개수 ☁ 개

틀린 개수 ☁ 개

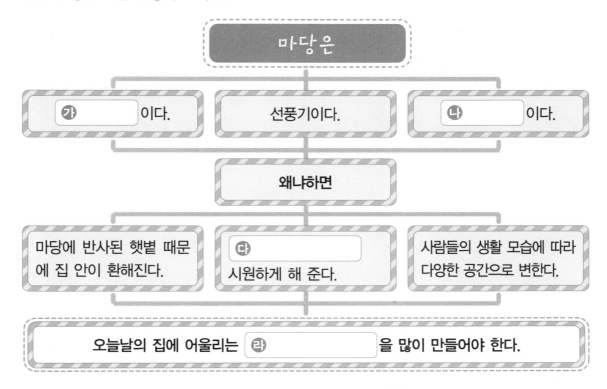

마당은

㉮ _____ 이다.   선풍기이다.   ㉯ _____ 이다.

왜냐하면

마당에 반사된 햇볕 때문에 집 안이 환해진다.   ㉰ _____ 시원하게 해 준다.   사람들의 생활 모습에 따라 다양한 공간으로 변한다.

오늘날의 집에 어울리는 ㉱ _____ 을 많이 만들어야 한다.

❸
요약
하기

다음은 위 글의 중심 내용을 요약한 것입니다. ㉮, ㉯에 보기의 ①〜⑥을 알맞게 넣어 요약 글을 완성해 보세요.

문제 개수 2 개

맞은 개수 ☁ 개

틀린 개수 ☁ 개

　　마당은 옛날부터 중요한 쓰임새를 지녔다. 첫째, 마당에 반사된 햇볕 때문에 집 안이 환해져서 조명등 역할을 했다. 둘째, 뒷마당에서 앞마당으로 불어오는 바람 덕분에 여름철을 시원하게 지낼 수 있는 선풍기가 되기도 했다. 셋째, 사람들의 생활 모습에 따라 놀이터, 작업장, 예식장, 장례식장 등 만능 행사장이었다.

　　오늘날 우리가 살고 있는 집의 모습은 많이 변했다. 그러나 집 안으로 ㉮ _____ 마당이 ㉯ _____ 중요한 곳임을 깨닫고, 오늘날의 집에 어울리는 새로운 마당으로 되살려야 한다.

④ 제목
달기

다음은 위 글에 가장 어울리는 제목을 찾는 과정입니다. 서로 관계 있는 것끼리 줄로 이으세요.

문제 개수 3 개

맞은
개수   개

틀린
개수   개

마당의 중요성 ★   ★ 이 글의 제목으로 딱 좋아!

집터를 지키는 터줏대감 ★   ★ 범위가 너무 넓어!

한옥의 구조 ★   ★ 이 글과 상관없는 제목이야!

총 문제 개수 12 개   총 맞은 개수 ◯ 개   총 틀린 개수 ◯ 개

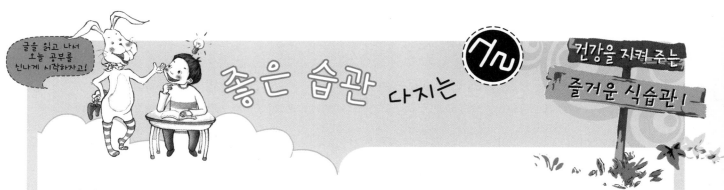

글을 읽고 나서 오늘 공부를 신나게 시작하자고!

좋은 습관 다지는 72

건강을 지켜 주는
즐거운 식습관!

맛있는 음식은 살면서 누릴 수 있는 즐거움 중에 하나예요. 하지만 잘못된 식습관은 건강을 해칠 수도 있어요. 좋은 습관으로 건강한 몸을 지키도록 해요.

골고루 먹어요 – 탄수화물, 지방, 단백질, 무기질, 비타민 식품군을 골고루 먹는다.

제때에 먹어요 – 아침, 점심, 저녁을 꼭 챙겨 먹는다.

알맞게 먹어요 – 나한테 알맞은 하루 섭취 열량을 알고 과식하지 않아요.

싱겁게 먹어요 – 우리나라 음식은 염분이 지나치게 많아요.

즐겁게 먹어요 – 하루 한 끼는 온 가족이 모여서 함께 즐거운 이야기를 나누며 먹어요.

03 회

머리 풀어주는 퍼즐

도전 시간	걸린 시간
00 분 30 초	분 초

창의사고력 기초 다지기   판단능력 쑥~

다음은 동물원에서 볼 수 있는 동물들과 우리 주위에서 볼 수 있는 곤충들 이름이에요. '가' 부터 '하' 까지 글자를 한 번씩만 사용해서 동물들의 이름을 완성시키고, 한 번도 사용하지 않은 글자를 알아맞혀 보세요.

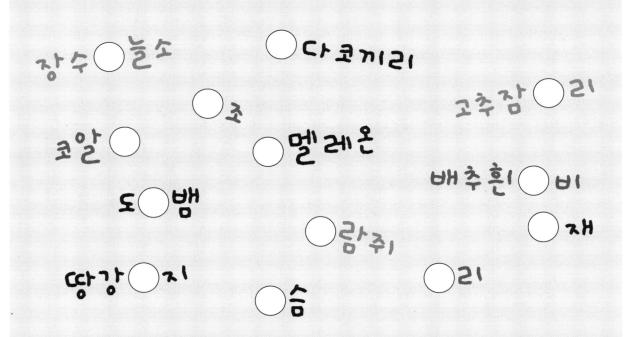

장수〇늘소

〇다코끼리

〇초

고추잠〇리

코알〇

〇멜레온

도〇뱀

배추흰〇비

〇람쥐

〇재

땅강〇지

〇리

〇승

21

빠르고 **정확**하게 **읽기**

도전시간
6 분 | 30 초

걸린시간
분 | 초

● 오늘의 읽기 자료입니다. 잘 읽고 문제를 풀어 보세요.

　　사람들은 주변 자연환경을 적절하게 이용하여 집을 짓고 살았습니다. 이누이트(에스키모)의 이글루, 몽골의 파오처럼 말이에요. 중국의 동굴집인 '야오동'도 그중 하나입니다. 중국 황하 부근의 고원 지대에 살던 사람들은 6천 년 전부터 야오동에서 살았습니다. 이 지역은 두꺼운 황토층으로 되어 누구라도 흙을 파내기만 하면 쉽게 동굴을 만들 수 있답니다. 집을 짓기 위해 벽돌이나 나무를 구하려고 애쓰기보다는 흙을 파내 집을 만들었던 것이지요.

　　야오동은 동굴을 만드는 방법에 따라 자연형 야오동과 인공형 야오동으로 나눕니다. 자연형 야오동은 원래부터 있던 동굴을 잘 다듬어 집으로 만든 것입니다. 반면, 인공형 야오동은 일부러 황토층을 깎아 내어 절벽을 만든 후 동굴을 만들어 집으로 사용하는 것이랍니다.

　　오늘날에도 많은 사람들이 야오동에서 살고 있는데, 그 이유는 건축비가 싸고 난방 효과가 뛰어나기 때문입니다. 이 고원 지대는 벽돌이나 나무의 값이 무척 비싸서 이를 이용해 집을 지으려면 비용이 많이 듭니다. 하지만, 야오동은 흙만 파내면 되기 때문에 거의 비용이 들지 않는답니다. 또한 황토는 열 전달이 잘 되지 않아 난방 효과가 뛰어납니다. 따라서 추운 겨울을 보내기에는 동굴집인 야오동이 안성맞춤인 것이지요.

　　멀리서 보면 구멍이 숭숭 뚫린 스펀지처럼 보이는 황하의 야오동 마을. 지금 이 순간에도 동굴집 야오동에서는 자연과 사람이 어우러져 살아가고 있답니다.

이글루 : 에스키모가 살던 집으로 얼음과 눈덩이로 만들었다.
파오 : 몽골 인들의 집으로 텐트 형태를 한 이동식 천막집이다.

❶ 핵심어 찾기

다음 어휘 중에 위 글에 나온 어휘가 있으면 빈칸에 동그라미 하세요. 동그라미 한 어휘들이 위 글의 주제와 가장 관련이 깊은 핵심어입니다.

문제 개수 5 개

맞은 개수 　　개

틀린 개수 　　개

야오동	자연환경	나일 강	동굴집	벽돌집

22

♥ 다음 보기를 이용해서 ❷~❸번 문제를 풀어 보세요.

보기
① 자연형 야오동
② 황토층
③ 고원 지대에 있는 동굴집
④ 건축비가 싸고
⑤ 인공형 야오동
⑥ 절벽을 만들어

❷ 글의 짜임 그리기

다음은 위 글의 내용을 한눈에 볼 수 있도록 정리한 표입니다. ㉮~㉱에 보기의 ①~⑥을 알맞게 넣어 표를 완성해 보세요.

문제 개수 4 개

맞은 개수 ◯ 개

틀린 개수 ◯ 개

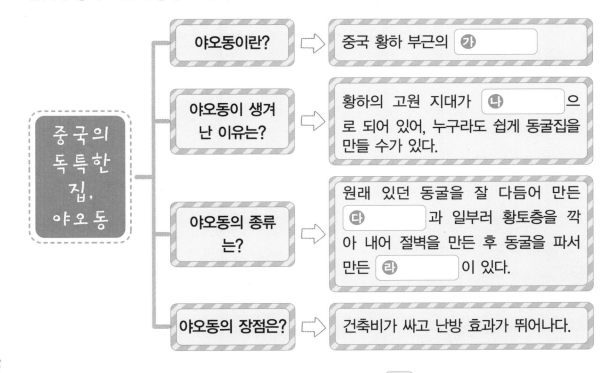

중국의 독특한 집, 야오동

야오동이란? ➡ 중국 황하 부근의 ㉮

야오동이 생겨난 이유는? ➡ 황하의 고원 지대가 ㉯ 으로 되어 있어, 누구라도 쉽게 동굴집을 만들 수가 있다.

야오동의 종류는? ➡ 원래 있던 동굴을 잘 다듬어 만든 ㉰ 과 일부러 황토층을 깍아 내어 절벽을 만든 후 동굴을 파서 만든 ㉱ 이 있다.

야오동의 장점은? ➡ 건축비가 싸고 난방 효과가 뛰어나다.

❸ 요약 하기

다음은 위 글의 중심 내용을 요약한 것입니다. ㉮, ㉯에 보기의 ①~⑥을 알맞게 넣어 요약 글을 완성해 보세요.

문제 개수 2 개

맞은 개수 ◯ 개

틀린 개수 ◯ 개

야오동이란 중국 황하 부근의 고원 지대에 있는 동굴집을 말합니다. 이 지역은 황토층으로 되어 있어 누구라도 쉽게 흙을 파내어 동굴을 만들 수 있기 때문에 야오동이 많이 생겨나게 되었습니다. 야오동에는 원래 있던 동굴을 이용한 자연형 야오동과 황토층에 일부러 ㉮ 동굴을 파낸 인공형 야오동이 있습니다. 6천 년 전부터 지금까지 오랜 세월 동안 많은 사람들이 야오동에서 살아가는 이유는 ㉯ 난방 효과가 뛰어나기 때문입니다.

④ 제목 달기

다음은 위 글에 가장 어울리는 제목을 지어 보는 과정입니다. 보기 에 주어진 단어를 이용해서 제목을 달아 보세요.

문제 개수 **1** 개

맞은 개수 ◯ 개

틀린 개수 ◯ 개

보기	독특한	집	야오동	중국의

총 문제 개수 **12** 개 | 총 맞은 개수 ◯ 개 | 총 틀린 개수 ◯ 개

생각하고 되새기는 72

서양 사람들도 제사 지내나요?

글을 읽고 나서 오늘 공부를 신나게 시작하자고!

세계 어디나 돌아가신 조상님을 추모한다는 의미로 넓은 뜻의 제사는 있습니다. 그러나 우리나라처럼 각 가정에서 제사 음식을 마련하고 절을 하는 형식은 아닙니다. 같은 유교 전통 아래 있는 일본은 절을 찾아 제사를 지내고, 중국은 공산화 과정을 겪으며 제사를 지내는 전통이 사라졌습니다. 싱가포르나 홍콩, 대만 등지에 남아 있는데, 엄숙한 날이기보다는 가족들이 모여 화목을 도모하는 의미가 더 큽니다.

서양은 제사라기보다는 추도 모임을 하거나, 묘소를 찾아 꽃을 올리거나 기도하는 정도로 추모합니다. 유대 인들은 명절에 조상을 추모하는 의식을 갖기도 합니다.

종교와 국가는 달라도, 세계 어디나 돌아가신 조상을 기리는 마음은 한결같답니다.

24

머리 풀어주는 퍼즐

창의사고력 기초 다지기 정보처리능력 쑥~

다음 보기처럼 같은 위치에 점이 찍힌 그림을 서로 연결해 보세요.

보기

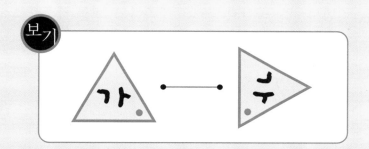

● 오늘의 읽기 자료입니다. 잘 읽고 문제를 풀어 보세요.

사회자 : 오늘은 문 박사님과 함께 도시에서 발생하는 문제에 대해 이야기를 나누어 보도록 하겠습니다. 도시 인구의 증가로 어떤 문제가 발생하나요?

문박사 : 우선, 주택 문제입니다. 워낙 많은 사람들이 몰리다 보니 집이 부족해서 아파트 등을 많이 짓고 있습니다. 그래도 집값이 자꾸 오르고 있지요.

사회자 : 요즘은 하루 종일 도로가 막히는 경우가 많은데, 교통 문제는 어떤가요?

문박사 : 차가 많아지면서 주차 공간과 도로도 부족하고, 교통 체증으로 인해 에너지도 낭비되고, 매연으로 환경도 오염되고 있습니다. 하지만 지하철과 버스를 이용하면 어느 정도는 해결할 수 있습니다.

사회자 : 시민들의 협조가 꼭 필요하군요. 또 다른 문제는 없나요?

문박사 : 환경 문제도 심각하지요. 많은 양의 쓰레기가 나와 이를 다 처리하기가 힘들고, 가정과 공장에서 버리는 물로 인해 하천이 썩고 있지요. 쓰레기 분리수거를 철저히 지키고, 공장은 정화 시설을 갖추어야 하고, 가정에선 세제 사용을 줄여야 합니다.

사회자 : 이렇게 문제가 많은데, 사람들이 왜 자꾸 도시로 몰려드나요?

문박사 : 도시가 농촌 지역보다 살기가 좋기 때문이지요. 일자리도 많고, 교통도 편리하고, 교육 시설과 문화 시설도 잘 갖추어져 있으니까요. 농촌에서도 직장을 구하기가 쉽고, 지하철과 버스를 이용하기 쉽고, 좋은 학교와 극장 등이 있다면, 도시로 사람들이 몰리지 않을 겁니다. 도시 문제는 도시 인구가 줄어야만 해결될 수 있습니다.

①
핵심어 찾기

다음은 위 글과 관련된 어휘들입니다. 가장 넓은 뜻을 지닌 어휘를 찾아 ✔해 보세요. 표시한 어휘가 위 글의 주제와 가장 관련이 깊은 핵심어입니다.

문제 개수 1 개

맞은 개수 □ 개

틀린 개수 □ 개

☐ 주택 부족   ☐ 도시 문제   ☐ 쓰레기 문제   ☐ 주차 공간 부족

♥ 다음 를 이용해서 ❷~❸번 문제를 풀어 보세요.

보기 │ ① 쓰레기 분리수거하기　　　　　② 교통 문제
③ 일자리를 만들고　　　　　　　④ 도시 인구의 증가
⑤ 아파트 등을 많이 짓는다　　　⑥ 버스와 지하철 등을 이용한다
⑦ 공장 정화 시설 갖추기　　　　⑧ 세제 사용 줄이기

다음은 위 글의 내용을 한눈에 볼 수 있도록 정리한 표입니다. ㉮~㉱에 보기의 ①~⑧을 알맞게 넣어 표를 완성해 보세요.

문제 개수 4 개

맞은 개수 ◯ 개

틀린 개수 ◯ 개

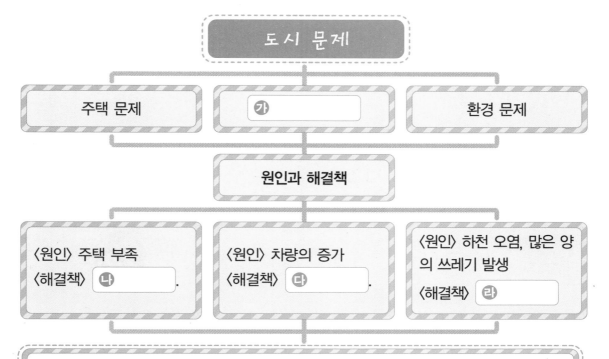

도 시 문 제

주택 문제　　㉮　　환경 문제

원인과 해결책

〈원인〉 주택 부족
〈해결책〉 ㉯ .

〈원인〉 차량의 증가
〈해결책〉 ㉰ .

〈원인〉 하천 오염, 많은 양의 쓰레기 발생
〈해결책〉 ㉱

〈근본적인 해결책〉 도시로 사람들이 몰리는 것을 막는 것.
따라서 농촌에도 일자리를 만들고 교통 · 교육 · 문화 시설을 잘 갖추어야 한다.

❸ 요약하기

다음은 위 글의 중심 내용을 요약한 것입니다. ㉮, ㉯에 보기의 ①~⑧을 알맞게 넣어 요약 글을 완성해 보세요.

문제 개수 2 개

맞은 개수 ◯ 개

틀린 개수 ◯ 개

㉮ 로 인해 주택 문제, 교통 문제, 환경 문제가 발생하고 있다. 아파트 등을 지어서 주택 부족 문제를, 대중교통 이용을 늘려 교통 문제를 해결해야 한다. 또한 환경 오염을 줄이기 위해서 정화 시설을 갖추고, 세제 사용을 줄이면서, 쓰레기 분리수거를 해야만 한다. 하지만 도시 문제의 근본적인 해결책은 도시로 사람들이 몰려드는 것을 막는 것이다. 따라서 농촌도 도시처럼 ㉯ , 교통, 교육, 문화 시설을 잘 마련하여 살기 좋게 만들어야 한다.

다음은 위 글의 제목 후보입니다. 먼저, 위 글의 제목으로 가장 알맞은 것을 골라 빈칸에 ○를 하세요. 그런 다음, 주어진 조건에 맞게 ×, △, □를 표시하세요. (단, ○는 딱 한 개만 고르세요.)

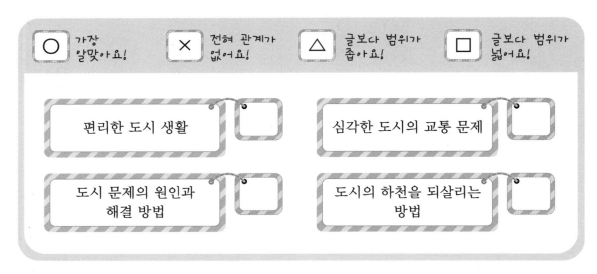

○ 가장 알맞아요! × 전혀 관계가 없어요! △ 글보다 범위가 좁아요! □ 글보다 범위가 넓어요!

편리한 도시 생활

심각한 도시의 교통 문제

도시 문제의 원인과 해결 방법

도시의 하천을 되살리는 방법

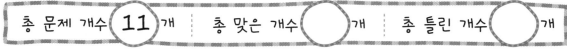

총 문제 개수 ⑪ 개   총 맞은 개수 ◯ 개   총 틀린 개수 ◯ 개

상식 쑥쑥 키우는

예술에 관한 명언

인생은 짧고 예술은 길다 – 히포크라테스

예술도 인생과 마찬가지로 깊이 팔수록 넓어진다. – 괴테

인생은 살 가치가 있다는 것, 그것이 모든 예술의 궁극적 내용이고 위안이다. – 헤르만 헤세

창조적인 예술가는 그 전의 작품에 만족하지 않기 때문에 다음 작품을 만든다. – 쇼스타코비치

학문과 예술만이 인간을 신성(神性)에까지 끌어올린다. – 베토벤

모든 예술가는 자신의 자서전을 쓰는 것이다. – 허블록 엘리스

모든 인간의 작품, 문학, 예술, 미술 또는 건축이나 그 밖의 어떤 것이든 간에 그것은 하나같이 자기 자신의 초상화다. 따라서 자신을 숨기려 하면 할수록 의지와는 상관없이 그 성격이 드러나게 된다. – 사무엘 버틀러

머리 풀어주는 퍼즐

창의사고력 기초 다지기   계산능력 쑥~

모아서 10이 되는 두 수를 찾아 줄을 이으세요.

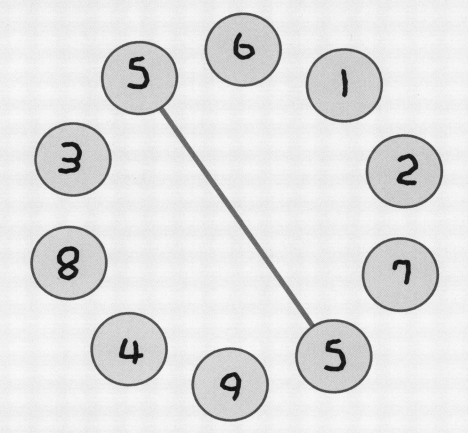

도전시간

| 6 분 | 30 초 |

걸린시간

| 분 | 초 |

● 오늘의 읽기 자료입니다. 잘 읽고 문제를 풀어 보세요.

한국 친구들, 안녕?

난 뽀르뚜까야. 내가 살고 있는 멋진 도시 브라질의 꾸리찌바에 꼭 놀러와.

꾸리찌바는 조화의 도시야. '꽃의 거리'를 걸으면 금방 알 수 있어. 아름다운 꽃과 나무 그리고 사람들이 잘 조화를 이루거든. 보행자가 최우선이라 차가 다니지 않고 거리 곳곳에서 공연도 해. 도시 전체에 나무와 꽃 말고도 새와 곤충도 많아. 사람과 자연이 함께 도시에서 생활한단다.

꾸리찌바는 재활용의 도시야. '녹색 교환의 날'이면 모아 두었던 종이와 병을 공책이나 신선한 계란으로 바꾼단다. '깜뽀라르고'라는 곳에서는 버려진 쓰레기 중에서 재활용품을 골라내어 가난한 사람들을 위해 써. 우린 건물도 부수지 않고 아름답게 꾸며서 재활용을 하는데, 지붕도 벽도 유리로 되어 있는 '오뻬라 데 아라메 극장'이 유명해. 지금은 호수와 나무가 있어 아름답지만 옛날엔 채석장이었어. 꾸리찌바엔 이런 곳이 많아. 창조 문화 센터도 옛날엔 본드 공장이었어.

꾸리찌바는 굴절 버스의 도시야. 회색, 노란색, 녹색, 빨간색으로 칠해져 있어서 노선을 금방 알 수 있어. 굴절 버스는 한꺼번에 270명이나 탈 수 있어서 땅 위의 지하철로 불리는데, 버스 전용 차선으로 달려서 승용차보다 훨씬 빨라.

이젠, 생태도시 꾸리찌바에 대해 잘 알았겠지? 브라질에 오면 꼭 꾸리찌바에 들러서 날 찾아! 내가 반갑게 맞아 줄게.

①
핵심어 찾기

다음 문장의 빈칸에 알맞은 낱말을 적어 보세요. 빈칸의 낱말이 위 글에서 가장 중요한 핵심어입니다.

문제 개수 2 개

맞은 개수 ☁ 개

틀린 개수 ☁ 개

브라질의 [   ]는 인간과 자연이 조화를 이루며 사는 도시입니다. 이런 도시를 [   ]라고 합니다.

♥ 다음 보기 를 이용해서 ❷~❸번 문제를 풀어 보세요.

보기
① 꽃의 거리
② 사람과 자연이 함께 사는
③ 채석장
④ 재활용품을 공책·음식물과 교환하는 날
⑤ 재활용의 도시
⑥ 버스 전용 차선의 굴절 버스
⑦ 굴절 버스의 도시
⑧ 조화의 도시

❷ 글의 짜임 그리기

다음은 위 글의 내용을 한눈에 볼 수 있도록 정리한 표입니다. ㉮~㉵에 보기 의 ①~⑧을 알맞게 넣어 표를 완성해 보세요.

문제 개수 6 개

맞은 개수 ⬚ 개

틀린 개수 ⬚ 개

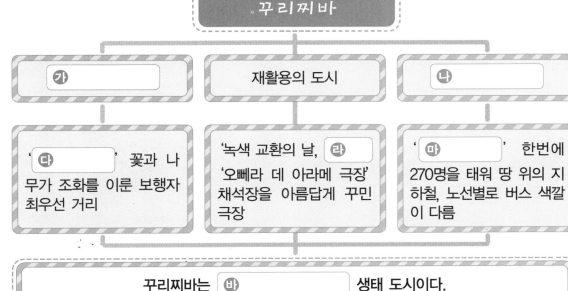

꾸리찌바

| ㉮ | 재활용의 도시 | ㉯ |

'㉰' 꽃과 나무가 조화를 이룬 보행자 최우선 거리

'녹색 교환의 날, ㉱' '오뻬라 데 아라메 극장' 채석장을 아름답게 꾸민 극장

'㉲' 한번에 270명을 태워 땅 위의 지하철, 노선별로 버스 색깔이 다름

꾸리찌바는 ㉳ 생태 도시이다.

❸ 요약 하기

다음은 위 글의 중심 내용을 요약한 것입니다. ㉮, ㉯에 보기 의 ①~⑧을 알맞게 넣어 요약 글을 완성해 보세요.

문제 개수 2 개

맞은 개수 ⬚ 개

틀린 개수 ⬚ 개

브라질에 있는 꾸리찌바는 조화의 도시, ㉮ , 굴절 버스의 도시입니다. '꽃의 거리'는 꽃과 나무가 조화를 이룬 보행자 최우선 거리입니다. 꾸리찌바의 시민들은 '녹색 교환의 날'이 되면 종이, 플라스틱 등의 재활용품을 공책, 음식물과 교환합니다. 심지어, 건물도 재활용하는데 '오뻬라 데 아라메 극장'은 ㉯ 을 다시 꾸민 거랍니다. 꾸리찌바에는 노선별로 네 가지 색깔을 칠한 굴절 버스가 다닙니다. 버스 전용 차선을 달리기 때문에 승용차보다 빨라 많은 시민들이 이용합니다.

다음은 위 글에 가장 어울리는 제목을 찾는 과정입니다. 서로 관계 있는 것끼리 줄로 이으세요.

꾸리찌바의 발, 굴절 버스 ★   ★ 이 글의 제목으로 딱 좋아!

오염 도시에서 생태 도시가 되기까지 ★   ★ 범위가 너무 좁아!

생태 도시 꾸리찌바에 놀러 오세요 ★   ★ 이 글과 상관없는 제목이야!

글을 읽고 나서 오늘 공부를 신나게 시작하자고!

마음에 힘이 되는 72

환상적인 크루즈 여행

크루즈 여행은 배 위에서 호텔과 리조트를 즐기는 여행이랍니다. 첫 항해로 침몰하고 만 유명한 타이타닉호가 바로 이런 크루즈 선박이었어요. 1930년대 디젤 기관의 발달로 호화롭고 쾌적한 운항 시대가 열렸어요.

지금까지 크루즈 여행이 최고급 음식과 편안한 휴식을 내세웠다면, 요즘은 다양한 볼거리와 체험으로 방향을 전환하고 있어요. 예를 들면 북극에 가서 하얀 북극곰을 만나고 환상적인 오로라를 체험하는 것이지요. 하지만 무엇보다 크루즈 여행의 백미는 배에서 만난 사람들과의 인연이지요. 여러 나라 사람들과 이야기하고 함께 즐기면서 느끼는 문화적 체험이 아주 매력이랍니다.

돈이 조금 많이 든다는 단점이 있어요. 하지만 한번 해볼 만한 여행이랍니다. 어린이 여러분도 열심히 일하고 돈을 벌어 한번 다녀와 보세요. 여러 나라 멋진 친구들도 만나 보고, 환상적인 오로라도 보고 오세요.

06회

머리 풀어주는 퍼즐

도전 시간	걸린 시간
00 분 20 초	분 초

창의사고력 기초 다지기   주의집중력 쑥~

다음 중에서 보기와 같은 모양의 숫자를 찾아보세요.

보기

가   나

다   라

마

● 오늘의 읽기 자료입니다. 잘 읽고 문제를 풀어 보세요.

서울이 우리나라의 중심지가 된 것은 언제부터일까요?

지금으로부터 600년 전, 무학 대사라는 유명한 스님이 있었는데, 조선의 첫 임금인 태조에게 중요한 일을 부탁받게 되었습니다. 새로운 나라 조선에 걸맞은 새로운 도읍지를 찾아 달라는 것이었지요. 전국을 돌아다니던 무학 대사는 마땅한 곳을 찾지 못하다 한양까지 왔습니다. 이때, 한 노인이 소를 타고 지나가며 소리쳤습니다.

"이놈의 소, 미련한 게 꼭 무학 같구나. 엉뚱한 곳에서 헤매고 있는 꼴이."

깜짝 놀란 무학 대사는 노인에게 다가가 물었습니다.

"저, 무슨 말씀이신가요?"

"여기서 십 리를 더 가 봐. 마음에 쏙 드는 곳이 있을 테니."

무학 대사가 노인이 일러준 방향으로 십 리를 더 가자 북한산이 보였습니다. 그리고 그 아래 궁궐터로 적합한 아늑한 곳이 나타났습니다. 마침내, 태조는 한양을 새 도읍지로 정하였답니다. 그러나 이번엔 성벽을 쌓을 경계를 정하느라 고민에 빠졌습니다. 그러던 어느 날, 밤새 눈이 내렸습니다. 태조가 문을 열고 나가 보니, 한양 주위로 성벽처럼 눈이 빙 둘러 쌓여 있었습니다.

"옳거니. 설울(눈 울타리, 雪 : 눈 설) 자리에 성벽을 쌓으면 되겠구나."

태조의 명령으로 성벽을 쌓고, 한양은 새 도읍지의 모습을 갖추게 되었답니다. 이때부터 사람들은 한양을 '설울'이라 불렀는데, 이것이 바뀌어 '서울'이 되었답니다. 참! 무학 대사가 노인을 만난 곳이 어딘지 아세요? 바로 지금의 왕십리로, 갈 왕(往)자에 십리(十里)를 붙였답니다.

① 핵심어 찾기

다음 어휘들 중에 위 글에 나온 어휘가 있으면 빈칸에 동그라미 하세요. 동그라미 한 어휘들이 위 글의 주제와 가장 관련이 높은 핵심어입니다.

문제 개수 6 개

맞은 개수 ⬜ 개

틀린 개수 ⬜ 개

서울	무학 대사	조선	잠실	한양	도읍지

♥ 다음 보기 를 이용해서 ❷~❸번 문제를 풀어 보세요.

① 무학 대사 ② 밤새 내린 눈이
③ 십 리만 더 가라 ④ 한양을 '설울'이라 불렀는데
⑤ 도읍지를 새로 정하고 싶었다 ⑥ 한양

❷
글의 짜임
그리기

다음은 위 글의 내용을 한눈에 볼 수 있도록 정리한 표입니다. ㉮~㉳에 보기의 ①~⑥을 알맞게 넣어 표를 완성해 보세요.

문제 개수 **4** 개

맞은 개수 ◯ 개

틀린 개수 ◯ 개

조선의 새 도읍지

600년 전, 조선의 태조는 ㉮ 에게 새 도읍지를 찾아 달라고 부탁을 했다. ⇨ 전국을 돌아다니던 무학 대사는 한 노인을 만나게 되고, 십 리만 더 가라는 말을 듣게 된다.

⇩

노인이 일러준 곳은 ㉯ 이었는데 새 도읍지로 적합하였다.

태조는 새 도읍지가 된 한양의 성벽을 쌓는 문제로 고민에 빠지게 되었다. 이때 ㉰ 성벽의 자리를 가르쳐 주었다. ⇦

이때부터 사람들은 ㉱ , 이것이 바뀌어 '서울'이 되었다. ⇨

❸
요약
하기

다음은 위 글의 중심 내용을 요약한 것입니다. ㉮, ㉯에 보기의 ①~⑥을 알맞게 넣어 요약 글을 완성해 보세요.

문제 개수 **2** 개

맞은 개수 ◯ 개

틀린 개수 ◯ 개

지금으로부터 600년 전, 조선의 태조는 나라를 새로 열고 ㉮ . 태조는 유명한 스님인 무학 대사에게 도읍지를 찾아 달라고 부탁을 했다. 전국을 돌아다니던 무학 대사는 우연히 한 노인에게서 ㉯ 는 말을 듣게 된다. 노인이 일러준 곳은 한양이었는데, 새 도읍지로 좋은 곳이었다. 도읍지를 정하자, 태조는 성벽을 쌓는 문제로 고민에 빠지게 되었다. 어느 날, 밤새 내린 눈이 성벽을 쌓을 자리를 가르쳐 주었다. 이때부터 사람들은 한양을 '설울'이라 불렀는데, 이것이 바뀌어 '서울'이 되었다.

다음은 위 글의 제목 후보입니다. 먼저, 위 글의 제목으로 가장 알맞은 것을 골라 빈칸에 ○를 하세요. 그런 다음, 주어진 조건에 맞게 ×, △, □를 표시하세요. (단, ○는 딱 한 개만 고르세요.)

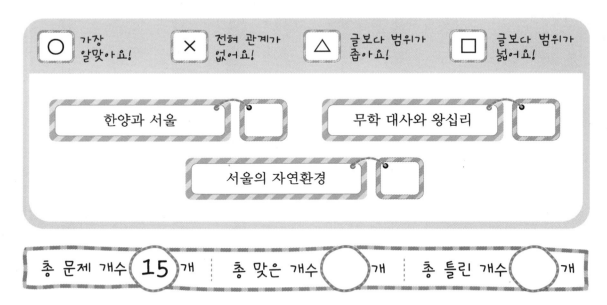

| ○ 가장 알맞아요! | × 전혀 관계가 없어요! | △ 글보다 범위가 좁아요! | □ 글보다 범위가 넓어요! |

한양과 서울

무학 대사와 왕십리

서울의 자연환경

총 문제 개수 ⟨15⟩ 개 　총 맞은 개수 ◯ 개 　총 틀린 개수 ◯ 개

글을 읽고 나서 오늘 공부를 신나게 시작하자고!

좋은 습관 다지는

72

건강을 지켜 주는
즐거운 식습관 2

1. 채소, 과일, 우유 제품을 매일 먹자. – 몸에 필요한 비타민, 무기질을 섭취해요.
2. 지방이 많은 고기와 튀긴 음식을 적게 먹자. – 지나친 열량은 비만을 가져와요.
3. 짠 음식을 피하고 싱겁게 먹자. – 짠 음식은 몸의 균형을 무너뜨릴 수 있어요.
4. 운동을 하고 적당한 양을 먹자. – 운동은 음식만큼이나 몸 건강에 중요해요.
5. 세끼 식사를 규칙적으로 즐겁게 하자. – 즐거운 마음으로 먹는 것보다 좋은 건 없어요.
6. 밥을 주식으로 하는 우리 식생활을 즐기자. – 잦은 외식이나 패스트푸드는 몸에 해로워요.

머리 풀어주는 퍼즐

창의사고력 기초 다지기 연상추리력 쑥~

다음은 성냥개비를 일정한 모양에 따라 놓은 뒤, 표에 규칙에 따라 배열한 것입니다. 빈칸에 놓일 성냥개비는 어떤 모양일까요?

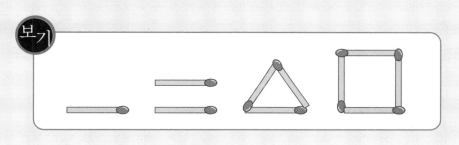

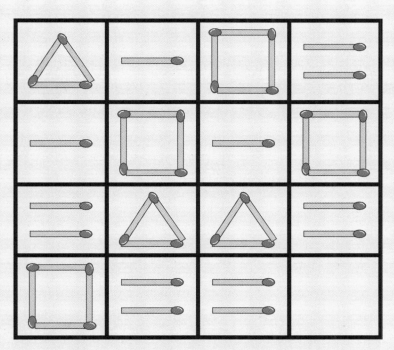

빠르고  정확하게 **읽기**

속독 정독

도전시간
| 6 | 분 | 30 | 초 |

걸린시간
| | 분 | | 초 |

● 오늘의 읽기 자료입니다. 잘 읽고 문제를 풀어 보세요.

사회자 : 요즘 GMO 식품에 관한 관심이 높은데요, 빨리커 식품 연구소의 조 박사님, GMO란 무엇인가요?

조 박사 : GMO란 우리말로 '유전자 재조합 생물체' 라고 합니다. 생선과 토마토의 유전자를 이용한 '무르지 않는 토마토' 처럼, 어떤 생물체의 유전자 중에 유용한 유전자만을 빼내어 다른 생물체에게 삽입해서 새로운 생명체를 만드는 것이지요.

사회자 : GMO 식품을 개발하는 이유는 무언가요?

조 박사 : 식량 문제를 해결할 수 있기 때문입니다. 병충해, 더위, 추위에 강한 농산물을 개발하면 더 많은 농산물을 수확할 수 있잖아요. 또한, 농약을 치지 않아도 잘 크니까 환경을 보호할 수도 있구요. GMO 식품은 선물입니다.

유 소장 : 선물이라니요? GMO 식품이 정말로 사람에게 안전한지 아직 확인되지 않았답니다. 생각해 보세요. 벌레가 갉아먹으면 죽게 만든 GMO 농작물을 사람이 먹어도 정말 안전할까요? 최근엔 GMO 식품이 알레르기를 일으킨다는 연구 결과도 있습니다.

사회자 : 유 소장님 말씀은, 사람에게 안전한지 확실하지 않다는 것이군요.

유 소장 : 네. 게다가 GMO 농작물이 주위의 풀과 섞인다면 어떤 제초제에도 끄떡없는 잡초가 생길 수도 있습니다. 그럼, 더욱 독성이 강한 농약이 필요할 것이고 환경이 더욱 파괴될 거예요.

사회자 : GMO 식품이 선물인지 재앙인지, GMO 콩으로 만든 두부와 GMO 옥수수로 만든 기름을 직접 먹고 있는 시청자 여러분의 생각이 궁금합니다.

❶ 핵심어 찾기

다음 문장의 빈칸에 알맞은 낱말을 적어 보세요. 빈칸의 낱말이 위 글에서 가장 중요한 핵심어입니다.

문제 개수 1 개

맞은 개수 ◯ 개

틀린 개수 ◯ 개

[   ] 란 어떤 생물체의 유전자 중에 유용한 유전자만을 빼내어 다른 생물체에게 삽입해서 새로운 생명체를 만드는 것을 말합니다.

♥ 다음 보기 를 이용해서 ❷〜❸번 문제를 풀어 보세요.

보기
① 유용한 유전자
② 오히려 환경을 파괴한다
③ 무르지 않는 토마토
④ 병충해와 더위 · 추위에 강한 농산물
⑤ 유전자 재조합 생물체
⑥ 생선과 토마토의 유전자를 이용한
⑦ GMO를 '재앙' 이라고
⑧ 부족한 식량 문제를 해결할 수 있다

❷
글의 짜임
그리기

문제 개수 2 개

맞은
개수   개

틀린
개수   개

다음은 위 글의 내용을 한눈에 볼 수 있도록 정리한 표입니다. ㉮, ㉯에 보기 의 ①〜⑧을 알맞게 넣어 표를 완성해 보세요.

GMO

찬성 입장
'GMO는 선물이다.'
• 병충해와 더위, 추위에 강한 농산물을 개발하여 ㉮　　　　　.
• 농약을 덜 사용하게 되므로 환경을 보호할 수 있다.

반대 입장
'GMO는 재앙이다.'
• GMO 식품으로 인해 알레르기가 일어나는 등 사람에게 안전한지 아직 밝혀지지 않았다.
• 더 강한 농약을 사용해야 하므로 ㉯　　　　　.

❸
요약
하기

문제 개수 4 개

맞은
개수   개

틀린
개수   개

다음은 위 글의 중심 내용을 요약한 것입니다. ㉮〜㉰에 보기 의 ①〜⑧을 알맞게 넣어 요약 글을 완성해 보세요.

　GMO로 불리는 ' ㉮　　　　 ' 는 어떤 생물체의 유전자 중에 유용한 유전자만을 빼내어 다른 생물체에게 삽입하여 만들어진 새로운 생명체를 말한다. ㉯　　　　 '무르지 않는 토마토' 가 그 예이다. 그런데, GMO에 대한 평가는 '선물' 과 '재앙' 으로 전혀 다르게 나타나고 있다.

　GMO를 '선물' 로 여기는 사람들은, ㉰　　　　 의 개발이 부족한 식량 문제를 해결할 수 있다고 주장한다. 또한 농약 사용이 줄게 되어 환경을 보호할 것이라고 한다.

　반면, 어떤 사람들은 ㉱　　　　 여긴다. 그들은 GMO 식품이 결코 안전한지 장담할 수 없다고 경고하고 있다. 또한 GMO로 인해 생겨난 더 강한 잡초 때문에 더 강한 농약을 사용하여, 오히려 환경이 파괴될 것이라 주장한다.

제목
달기

문제 개수 4 개

맞은 개수 개

틀린 개수 개

다음은 위 글의 제목 후보입니다. 먼저, 위 글의 제목으로 가장 알맞은 것을 골라 빈칸에 ○를 하세요. 그런 다음, 주어진 조건에 맞게 ×, △, □를 표시하세요. (단, ○는 딱 한 개만 고르세요.)

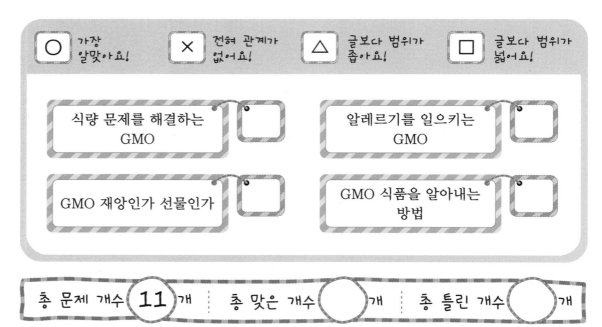

○ 가장 알맞아요!   × 전혀 관계가 없어요!   △ 글보다 범위가 좁아요!   □ 글보다 범위가 넓어요!

식량 문제를 해결하는 GMO

알레르기를 일으키는 GMO

GMO 재앙인가 선물인가

GMO 식품을 알아내는 방법

총 문제 개수 11 개 │ 총 맞은 개수 ◯ 개 │ 총 틀린 개수 ◯ 개

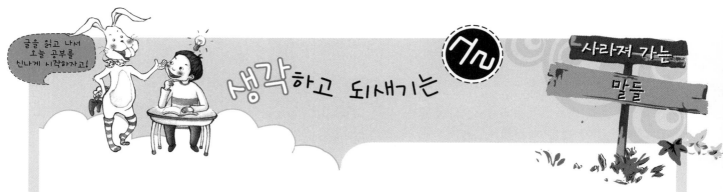

글을 읽고 나서 오늘 공부를 신나게 시작하자고!

생각하고 되새기는

사라져 가는 말들

세계에는 약 6,000개의 언어가 있습니다. 그중에는 1000명도 안 되는 사람이 쓰는 언어가 25%에 이른다고 합니다. 유네스코는 21세기가 끝나기 전에 많으면 90% 이상의 언어가 사라질 거라고 보고 있습니다. 1000년 전만 해도 널리 쓰이던 유럽의 아일랜드어, 스코틀랜드어, 게일어, 브르타뉴어도 사라질 위기에 처해 있답니다.

남북 아메리카를 통틀어서 자국어를 쓰는 나라는 파라과이밖에 없습니다.

우리나라도 영어를 공용어로 쓰자는 주장이 나오고 있습니다. 만약 영어를 점점 더 많이 사용하게 되면 우리나라 말은 어떻게 될까요? 아일랜드어나 게일어처럼 사라지지 않을까요? 우리 말과 글, 우리가 먼저 사랑하는 게 중요하지 않을까요?

40

머리 풀어주는

도전 시간	걸린 시간
00 분 20 초	분 초

창의사고력 기초 다지기   판단능력 쑥~

'출발'에서 '도착'까지 짝수를 찾아가며 하나의 줄로 이어 보세요.

출발 ➡

2	6	3	8	9	24	4	6
7	8	11	13	2	10	11	9
1	4	5	7	17	1	9	3
3	6	2	10	4	2	13	14
5	9	15	9	3	20	7	9
15	3	5	4	1	14	3	7
13	4	11	6	5	8	2	11
12	19	2	10	7	5	12	10

➡ 도착

빠르고 **정확**하게 **읽기**

● 오늘의 읽기 자료입니다. 잘 읽고 문제를 풀어 보세요.

"이제까지는 어머니의 나라인 일본을 위해서 노력했지만, 지금부터는 아버지의 나라인 한국을 위해 최선을 다할 것이다."

'씨앗 박사'로 유명한 우장춘 박사는 1898년 일본에서 태어났지만, 한순간도 조선인임을 잊은 적이 없었습니다. 어려운 가정 형편에도 불구하고 열심히 공부하여 농학 박사가 되었고, 조선인이란 이유로 오랫동안 일하던 농사 시험장에서 쫓겨난 뒤에도 연구를 계속했습니다. 1950년, 그의 나이 52살 되던 해에 조국은 그에게 도움을 요청했습니다. 당시 우리나라는 땅에 뿌릴 변변한 씨앗조차 없어 농사를 지을 수가 없었습니다. 그는 어려움에 처한 아버지의 나라를 위해, 일본에 아내와 자식을 남겨둔 채 홀로 배를 탔습니다.

그는 한국에 도착하자마자 농촌을 돌아다니며 채소 씨앗을 모았습니다. 그리고 모은 씨앗으로 좋은 품질의 종자를 만들어 농민에게 나누어 주었습니다. 비로소 농민들은 일본의 종자가 아닌 우리의 종자로 농사를 지을 수 있게 되었습니다. 또한, 그는 바이러스 병균에 약한 씨감자를 개량하여 병에 강한 '강원도 감자'를, 감귤을 연구하여 제주도에서 잘 자라는 '제주도 귤'을, 일본 채소와 양배추를 교배하여 우리 입맛에 딱 맞는 '한국 배추'를 만들어 냈습니다. 그리고 볼품없던 꽃인 페튜니아를 화려한 '더블페튜니아'로 변신시켜 정원 화초로 재탄생시키기도 했습니다. 1959년 그는 몸을 돌보지 않고 연구해서 큰 병을 얻고 말았습니다. 그는 마지막으로 연구하던 벼를 보여 달라고 했습니다. 그리고 벼 품종 개발을 마치지 못한 것을 안타까워하며 숨을 거두었답니다.

❶ 핵심어 찾기

다음 어휘들 중에 위 글에 나온 어휘가 있으면 빈칸에 동그라미 하세요. 동그라미 한 어휘들이 위 글의 주제와 가장 관련이 높은 핵심어입니다.

문제 개수 6 개

맞은 개수 ◯ 개

틀린 개수 ◯ 개

씨감자	우장춘	독립운동	종자	생명 공학	씨앗 박사

♥ 다음 보기를 이용해서 ❷～❸번 문제를 풀어 보세요.

보기
① 품종 개량을 하였다
② 농사지을 씨앗조차 없는
③ 씨앗 박사
④ 1898년 일본에서 태어났다
⑤ 채소 씨앗을 모아
⑥ 종자를 만들어 농가에 보급하였고
⑦ 우장춘
⑧ 강원도 감자

❷ 글의 짜임 그리기

문제 개수 4 개

맞은 개수 ⬚ 개

틀린 개수 ⬚ 개

다음은 위 글의 내용을 한눈에 볼 수 있도록 정리한 표입니다. 가～라에 보기의 ①～⑧을 알맞게 넣어 표를 완성해 보세요.

씨앗 박사, 우장춘

가 [   ] 은 1898년 일본에서 태어났다. 어려운 가정 형편에도 불구하고 열심히 공부하여 농학 박사가 되었다.

⟹ 1950년, 나 [   ] 아버지의 나라를 위해 가족들을 일본에 남겨둔 채 홀로 한국으로 왔다.

⬇

그는 채소 씨앗을 모아 다 [   ], '강원도 감자', '제주도 귤', '한국 배추', '더블페튜니아' 등 라 [   ].

⬅ 몸을 돌보지 않고 연구하던 그는 병을 얻게 되었고, 1959년 벼 품종 개발의 연구를 마치지 못한 것을 안타까워하며 숨을 거두었다.

❸ 요약 하기

문제 개수 3 개

맞은 개수 ⬚ 개

틀린 개수 ⬚ 개

다음은 위 글의 중심 내용을 요약한 것입니다. 가～다에 보기의 ①～⑧을 알맞게 넣어 요약 글을 완성해 보세요.

'씨앗 박사' 우장춘은 가 [   ]. 비록 일본에서 태어났지만 한순간도 조선인임을 잊지 않았다. 그는 어려운 가정 형편에도 불구하고 열심히 공부하여 농학 박사가 되어, 농사 시험장에서 연구를 하게 되었다.

1950년, 그는 52세가 되던 해에 농사지을 씨앗조차 없는 아버지의 나라를 위해 가족들을 일본에 남겨둔 채 한국행 배를 탔다. 그는 나 [   ] 종자를 만들어 농가에 보급하였고, '다 [   ]', '제주도 귤', '한국 배추', '더블페튜니아' 등 품종 개량을 하였다.

몸을 돌보지 않고 연구하던 그는 병을 얻게 되었고, 1959년 벼 품종 개발의 연구를 마치지 못한 것을 안타까워하며 숨을 거두었다.

다음은 위 글의 제목 후보입니다. 먼저, 위 글의 제목으로 가장 알맞은 것을 골라 빈칸에 ○를 하세요. 그런 다음, 주어진 조건에 맞게 ×, △, □를 표시하세요. (단, ○는 딱 한 개만 고르세요.)

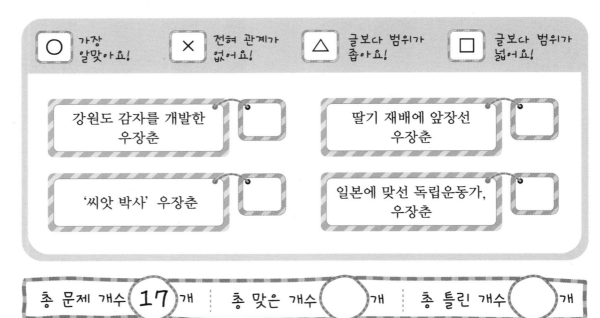

○ 가장 알맞아요!　　× 전혀 관계가 없어요!　　△ 글보다 범위가 좁아요!　　□ 글보다 범위가 넓어요!

| 강원도 감자를 개발한 우장춘 | | 딸기 재배에 앞장선 우장춘 |
| '씨앗 박사' 우장춘 | | 일본에 맞선 독립운동가, 우장춘 |

총 문제 개수 ⟨ 17 ⟩ 개　　총 맞은 개수 ⟨   ⟩ 개　　총 틀린 개수 ⟨   ⟩ 개

글을 읽고 나서 오늘 공부를 신나게 시작하자고!

상식 쑥쑥 키우는 72

가난한 화가
이중섭

　　소 그림으로 유명한 이중섭은 그림 재료를 살 돈이 없을 정도로 가난하여 담배 은박지에 그림을 그리곤 했습니다. 이 그림에는 가족에 대한 사랑이 절절하게 묻어 있답니다.

　　제주도 서귀포 이중섭 미술관 옆에는 그가 가족들과 살았던 집이 남아 있는데, 방이 회의 탁자 두 개보다도 좁습니다. 키가 190센티미터나 되었다는 이중섭이 어떻게 살았을지 짐작할 수 있답니다.

　　부산, 대구, 통영, 진주, 서울 등을 떠돌며 가난 속에서도 창작에 매달렸습니다. 1955년 친구들의 도움으로 평생 처음이자 마지막인 전시회를 미도파 백화점에서 열었습니다. 그 후 정신 분열증 증세를 보이다가 1956년 간염으로 적십자 병원에서 죽었습니다. 대표작으로는 '흰 소', '싸우는 소', '아이들', '봄의 어린이' 등이 있습니다.

머리 풀어주는

창의사고력 기초 다지기 정보처리능력 쏙~

다음 도형 안에 있는 글자를 에 나열된 도형의 순서대로 조합하여 글자를 만드세요.

도전시간

6 분 30 초

걸린시간

분 초

● 오늘의 읽기 자료입니다. 잘 읽고 문제를 풀어 보세요.

이야기 속 괴물 '프랑켄슈타인'을 실제로 본다면 등골이 오싹해질 거예요. 실제로 '프랑켄피시(프랑켄슈타인에 빗댄 말)'로 불리는 '슈퍼 연어'로 사람들이 술렁거리고 있답니다.

2000년 캐나다에서는 생명 공학을 이용해 '슈퍼 연어'를 만들어 냈습니다. '슈퍼 연어'의 유전자에는 세 가지 동물의 유전자가 섞여 있습니다. 대구의 일종인 파우트의 성장 호르몬 유전자와 이 성장 호르몬 유전자가 더 잘 자라게 도와주는 보통 물고기의 유전자 그리고 연어의 유전자입니다. GMO 동물인 '슈퍼 연어'는 일반 연어에 비해 성장 속도는 4배나 빠르고 크기는 30배나 크기 때문에, 식용으로 이용하자는 주장이 나오고 있습니다.

하지만, 일부 사람들은 '슈퍼 연어'에 대해 우려를 나타내고 있습니다. '슈퍼 연어'가 성장 속도는 빠르지만 머리의 일부가 기형으로 변합니다. 따라서 기형인 연어를 사람이 먹으면 어떤 결과가 나타날지 아무도 장담할 수 없다는 것이지요. 또한 '슈퍼 연어'로 인해 생태계가 파괴될지도 모른다고 경고하고 있습니다. '슈퍼 연어'는 어른으로 성장하기 전에 죽는데, 만일 '슈퍼 연어'가 자연 상태의 연어와 섞여 알을 낳게 된다면 그 결과는 상상하기조차 끔찍하기 때문이지요. '슈퍼 연어'뿐만 아니라 생태계에서 살아가던 연어도 멸종될 수 있으니까요.

'슈퍼 연어'의 미래는 불투명합니다. 값비싼 연어 요리를 값싸게 먹을 수 있는 고마운 '슈퍼 연어'가 될지, 사람들의 등골을 오싹하게 만드는 '프랑켄피시'가 될지는 아무도 모르니까요.

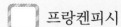

① 핵심어 찾기

다음은 위 글과 관련된 어휘들입니다. 가장 넓은 뜻을 지닌 어휘를 찾아 ✔ 해 보세요. 표시한 어휘가 위 글의 주제와 가장 관련이 깊은 핵심어입니다.

문제 개수 1 개

맞은 개수 ◯ 개

틀린 개수 ◯ 개

☐ 슈퍼 연어　　　☐ GMO 동물　　　☐ 프랑켄피시

46

♥ 다음 보기 를 이용해서 ❷~❸번 문제를 풀어 보세요.

보기
① 슈퍼 연어
② 생명 공학을 이용하여 만든 GMO 동물
③ 프랑켄피시
④ 인간에게 안전한지 밝혀지지 않았다
⑤ 4배나 빠르고
⑥ 식용으로 이용하자

❷ 글의 짜임 그리기

다음은 위 글의 내용을 한눈에 볼 수 있도록 정리한 표입니다. ㉮~㉰에 보기 의 ①~⑥을 알맞게 넣어 표를 완성해 보세요.

슈퍼 언어		
특징	• 2000년 캐나다에서 ㉮ • 대구의 일종인 '파우트'의 성장 호르몬 유전자＋보통 물고기의 유전자＋연어의 유전자 • 일반 연어에 비해 성장 속도는 4배 빠르고, 크기는 30배나 큼	
	찬성	반성
입장	• '슈퍼 연어'는 성장 속도가 빠르므로 일반 연여에 비해 가격이 저렴하므로 ㉯ . • '슈퍼 연어'가 식용으로 사용되면, 더 많은 사람이 연어 요리를 즐길 수 있게 된다.	• '슈퍼 연어'는 머리가 기형이다. 따라서 ㉰ . • '슈퍼 연어'가 일반 연어와 섞여서 알을 낳게 되면, 연어가 멸종될 수도 있다.

❸ 요약하기

다음은 위 글의 중심 내용을 요약한 것입니다. ㉮~㉰에 보기 의 ①~⑥을 알맞게 넣어 요약 글을 완성해 보세요.

　　2000년 캐나다에서 '㉮ '를 만들었다. '슈퍼 연어'는 대구의 일종인 파우트의 성장 호르몬 유전자와 보통 물고기의 유전자 그리고 연어의 유전자가 섞여 있는 GMO 동물이다. 일반 연어에 비해 성장 속도는 ㉯ 몸의 크기도 30배나 커서 식용으로 이용하려는 움직임이 있다.

　　그러나 '슈퍼 연어'는 '㉰ '라며 이에 대한 반대도 만만치 않다. 머리가 기형인 '슈퍼 연어'가 인간에게 안전하다고 장담할 수가 없기 때문이다. 더군다나 '슈퍼 연어'가 일반 연어와 섞여 알을 낳을 경우, 연어가 멸종할 가능성까지 있다. '슈퍼 연어'가 인간에게 어떤 영향을 미칠지는 좀 더 지켜보아야 할 것이다.

다음은 위 글에 가장 어울리는 제목을 찾는 과정입니다. 서로 관계 있는 것끼리 줄로 이으세요.

식용으로 적합한 '슈퍼 연어' ★   ★ 이 글의 제목으로 딱 좋아!

'슈퍼 연어'에 대한 입장들 ★   ★ 범위가 너무 좁아!

생명 공학을 이용한 '슈퍼 대구' ★   ★ 이 글과 상관없는 제목이야!

총 문제 개수 10 개 | 총 맞은 개수 ◯ 개 | 총 틀린 개수 ◯ 개

마음에 힘이 되는 글

글을 읽고 나서
오늘 공부를
신나게 시작하자고!

백화점의
비밀

수많은 물건을 파는 곳, 백화점. 이 백화점에도 없는 것이 있답니다. 바로 창문과 시계랍니다. 생각해 보세요. 백화점에서는 바깥을 내다 볼 수 있는 창문과 시간을 알 수 있는 시계가 없답니다. 왜일까요? 더 많은 물건을 팔기 위해서랍니다. 물건을 사는 데에만 사람들을 집중시키기 위해서랍니다. 시계가 없으니 시간을 알 수가 없고, 창문이 없으니 백화점 밖에는 관심을 두지 않게 되지요.

또한 오전에는 느린 음악을, 오후에는 빠른 음악을 틀어서 사람들의 쇼핑 시간을 조절한답니다. 사람들이 적은 오전에는 느린 음악을 틀어서 사람들이 백화점을 천천히 돌면서 물건을 사게 만들고, 사람들이 많은 오후에는 빠른 음악을 틀어서 사람들이 빨리 물건을 사게 만든다는군요. 이제 백화점에 갈 때에는 음악에 휘둘리지 말고 꼼꼼히 쇼핑을 해야겠군요.

10회

머리 풀어주는 퍼즐

도전 시간	걸린 시간
00 분 50 초	분 초

 창의사고력 기초 다지기 계산능력 쓱~

+, −, ×, ÷의 연산 기호를 □ 안에 넣어 다음 식을 완성하세요. 연산 순서는 기호에 상관없이 왼쪽부터 차례대로 합니다.

❶ 7 □ 2 □ 4 □ 3 = 23

❷ 9 □ 6 □ 3 □ 8 = 10

❸ $\dfrac{2}{5}$ □ $\dfrac{3}{2}$ □ $\dfrac{1}{3}$ □ $\dfrac{7}{15}$ = 2

● 오늘의 읽기 자료입니다. 잘 읽고 문제를 풀어 보세요.

'남자답다'고 하면 적극적이고 독립적이고 공격적인 것을, '여자답다'고 하면 부드럽고 의존적이고 얌전한 것을 떠올립니다. 과연, 태어날 때부터 여성은 '여성답게' 남성은 '남성답게'의 특징을 지니는 걸까요? 문화 인류학자인 마가렛 미드의 연구를 보면 그 답을 알 수 있답니다.

뉴기니의 세 부족은 모두 밭농사를 지으며 생활했지만, 각 부족이 지니고 있는 남성과 여성의 특성은 달랐습니다. 우선, 아라페쉬 부족은 남녀가 '여성다움'이란 비슷한 특징을 지녔습니다. 여성과 남성 모두 온화하며 따뜻한 성품을 지녔습니다. 협동심이 강해 함께 아이를 돌보고, 아이를 관대하게 대했지요. 두 번째 부족인 먼더거머 부족도 남녀가 비슷한 특징을 지녔지만, 그 모습은 아라페쉬 부족과 달리 '남성다움'이었습니다. 남녀 모두 공격적이고 거친 성격이었지요. 아이에게 무관심하고 엄했으며, 때로는 혹독하게 벌을 주기도 했습니다. 반면, 챔블리 부족은 남녀의 차이가 확실했는데, 우리가 알고 있는 '남성다움', '여성다움'과는 정반대였습니다. 어머니는 젖을 주는 일 말고는 아이를 키우지 않았기 때문에, 한 살이 지나면 아버지가 아이를 키워야 했습니다. 여성은 '남성다운' 기질을 지녀서 매우 공격적이고 활발한 반면, 남성은 '여성다운' 기질을 지녀 겁이 많고 소극적이었습니다.

이처럼 여성과 남성은 사회 속에서 성장하면서 '여성답게', '남성답게' 자라게 되는 것이랍니다. 남성다운 행동과 여성다운 행동, 남자의 일과 여자의 일이 정해진 것은 아닙니다. 내가 하고 싶은 일을 열심히 해서, '나다운' 내가 되는 것이 정말 중요한 것이랍니다.

❶ 핵심어 찾기

다음 어휘들 중에 위 글에 나온 어휘가 있으면 빈칸에 동그라미 하세요. 동그라미 한 어휘들이 위 글의 주제와 가장 관련이 높은 핵심어입니다.

문제 개수 **6** 개

맞은 개수 ⬜ 개

틀린 개수 ⬜ 개

뉴기니	칼싸움	여성	남성다움	남녀의 차이	마가렛 미드

♥ 다음 보기 를 이용해서 ❷～❸번 문제를 풀어 보세요.

보기
① 사회 속에서 성장하면서 길들여지는 것이다
② 여성은 공격적이고 활발한 반면, 남성은 겁이 많고 소극적이다
③ 뉴기니의 세 부족　　　　　　　　④ 먼더거머 부족
⑤ 태어날 때부터 타고나는 것이 아니라
⑥ 남녀 모두 온화하며 따뜻한 성품을 지녔다

❷
글의 짜임
그리기

다음은 위 글의 내용을 한눈에 볼 수 있도록 정리한 표입니다. ㉮～㉣에 보기 의 ①～⑥을 알맞게 넣어 표를 완성해 보세요.

문제 개수 4 개

맞은
개수 　 개

틀린
개수 　 개

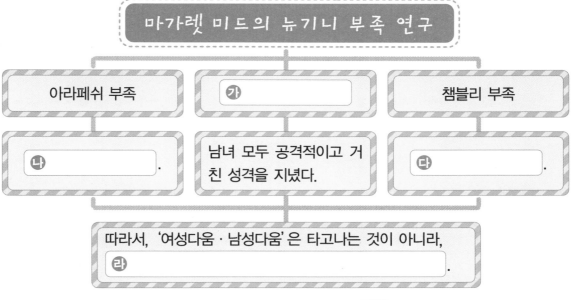

마가렛 미드의 뉴기니 부족 연구

아라페쉬 부족	㉮	챔블리 부족
㉯ .	남녀 모두 공격적이고 거친 성격을 지녔다.	㉢ .

따라서, '여성다움·남성다움'은 타고나는 것이 아니라, ㉣ .

❸
요약
하기

다음은 위 글의 중심 내용을 요약한 것입니다. ㉮, ㉯에 보기 의 ①～⑥을 알맞게 넣어 요약 글을 완성해 보세요.

문제 개수 2 개

맞은
개수 　 개

틀린
개수 　 개

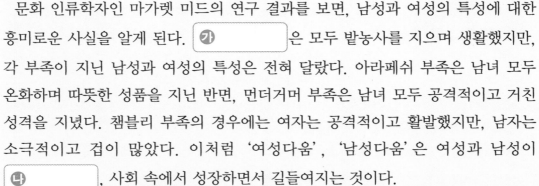

　　문화 인류학자인 마가렛 미드의 연구 결과를 보면, 남성과 여성의 특성에 대한 흥미로운 사실을 알게 된다. ㉮　　　　　은 모두 밭농사를 지으며 생활했지만, 각 부족이 지닌 남성과 여성의 특성은 전혀 달랐다. 아라페쉬 부족은 남녀 모두 온화하며 따뜻한 성품을 지닌 반면, 먼더거머 부족은 남녀 모두 공격적이고 거친 성격을 지녔다. 챔블리 부족의 경우에는 여자는 공격적이고 활발했지만, 남자는 소극적이고 겁이 많았다. 이처럼 '여성다움', '남성다움'은 여성과 남성이 ㉯　　　　, 사회 속에서 성장하면서 길들여지는 것이다.

다음은 위 글의 제목 후보입니다. 먼저, 위 글의 제목으로 가장 알맞은 것을 골라 빈칸에 ○를 하세요. 그런 다음, 주어진 조건에 맞게 ×, △, □를 표시하세요. (단, ○는 딱 한 개만 고르세요.)

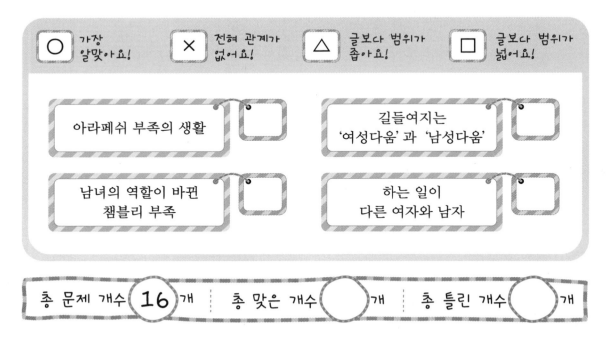

○ 가장 알맞아요!   × 전혀 관계가 없어요!   △ 글보다 범위가 좁아요!   □ 글보다 범위가 넓어요!

아라페쉬 부족의 생활

길들여지는 '여성다움'과 '남성다움'

남녀의 역할이 바뀐 챔블리 부족

하는 일이 다른 여자와 남자

총 문제 개수 16 개   총 맞은 개수 ◯ 개   총 틀린 개수 ◯ 개

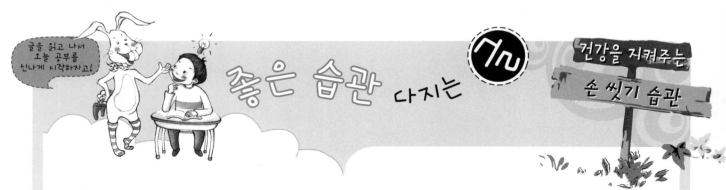

글을 읽고 나서 오늘 공부를 신나게 시작하자고!

좋은 습관 다지는

건강을 지켜주는 손 씻기 습관

손은 우리 몸에서 해로운 세균과 가장 많이 접촉해요. 한마디로 질병의 온상이고 병균 창고예요. 각종 전염성 질병의 70%가 손을 통해 전염된답니다. 손만 깨끗이 씻어도 각종 질병을 예방할 수 있답니다. 반드시 비누나 항균제를 이용해서 씻고, 젖은 수건은 세균이 많으니까 마른 수건이나 1회용 수건으로 물기를 닦아 내요. 손을 씻을 때는 이런 순서로 씻어요.

– 손바닥과 손바닥을 마주 대고 문지르고 손등을 문지른다.
– 손깍지를 끼고 문질러 손가락 사이를 씻는다.
– 엄지손가락을 다른 편 손바닥으로 돌리면서 문지른다.
– 손가락을 반대편 손바닥에 놓고 문지르며 손톱 밑을 깨끗하게 씻는다.

11회

머리 풀어주는 퍼즐

공부를 시작할 때도 준비운동이 필요하다고! 하나둘 하나둘

도전 시간	걸린 시간
00 분 30 초	분 초

창의사고력 기초 다지기   주의집중력 쑥~

아래 그림에서 정육면체는 모두 몇 개일까요? 보이지 않는 부분까지 잘 생각하면서 세어 보세요.(단, 3층에 있는 정육면체와 크기와 모양이 같은 것만 찾으세요.)

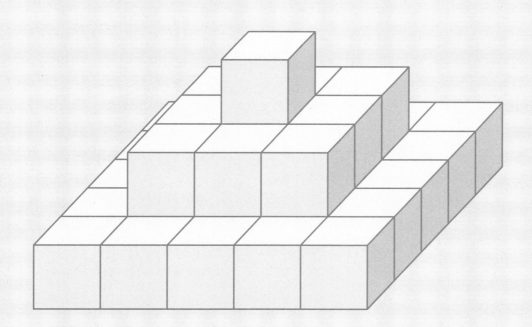

개

빠르고 **정확**하게 **읽기**

도전시간

8 분	00 초

걸린시간

분	초

● 오늘의 읽기 자료입니다. 잘 읽고 문제를 풀어 보세요.

'눈 감고 3년, 귀머거리 3년, 벙어리 3년'

이 말은 힘든 시집살이를 나타내는 말로, 옛 여성들이 이렇게 살기 시작한 것은 조선 중기부터랍니다. 고려 시대는 여성과 남성의 차별이 거의 없는 '양성평등' 사회였습니다. 아들딸 구분 없이 태어난 순서대로 호적에 기록했으며, 딸도 제사를 모실 수 있었고 한집안을 이끄는 호주도 될 수 있었지요. 결혼을 하더라도 남편과 아내가 재산을 따로 관리했기 때문에, 자식 없이 남편이나 부인이 죽으면 그 재산을 남은 배우자가 갖지 않고 죽은 남편이나 부인의 친족이 가져갔답니다.

이런 풍습은 조선 시대 전기까지 이어졌습니다. 아내가 시집살이를 하는 것이 아니라 남편이 처가살이를 했습니다. 부모님이 돌아가시면 남녀 차별 없이 형제들과 함께 똑같이 재산을 상속받고 제사도 나누어 지냈습니다. 또한 남편을 여읜 여성은 재혼을 할 수 있었지요.

그러나 성리학이 사회를 이끄는 중요한 기본 원리가 된 조선 중기에 들어서자, 여성에 대한 차별이 시작되었습니다. 성리학은 '양'과 '음'으로 세상이 이루어졌다고 보았습니다. 남자는 좋은 기운인 '양', 여자는 나쁜 기운과 좋은 기운이 섞인 '음'이라고 여겼기 때문에, 사회 제도를 남성 중심으로 바꾸었던 것이지요.

만약 고려 시대 '양성평등'의 풍습이 오늘날까지 이어졌더라면, 우리나라는 어떤 모습일까요? 남성과 여성이 성이 다르다는 이유로 차별받지 않고 자신이 갖고 있는 능력에 맞게 살아갈 수 있는 '양성평등' 사회를 이미 오래전에 만들지 않았을까요?

❶ 핵심어 찾기

다음 문장의 빈칸에 알맞은 낱말을 적어 보세요. 빈칸의 낱말이 위 글에서 가장 중요한 핵심어입니다.

문제 개수 2 개

맞은 개수 ⬚ 개
틀린 개수 ⬚ 개

　　　　　　　는 남편이 처가살이를 하고, 상속에 있어서도 남녀의 차별이 없는

　　　　　　의 사회였다.

54

♥ 다음 보기 를 이용해서 ❷∼❸번 문제를 풀어 보세요.

보기
① 고려 시대
② 남편이 처가살이
③ 남성 중심의 사회
④ 성리학
⑤ 아내의 재혼 금지
⑥ 여성도 제사를 지냄

❷ 글의 짜임 그리기

다음은 위 글의 내용을 한눈에 볼 수 있도록 정리한 표입니다. ㉮∼㉱에 보기 의 ①∼⑥을 알맞게 넣어 표를 완성해 보세요.

문제 개수 5 개

맞은 개수   개

틀린 개수   개

	㉮	조선 시대
결혼	㉯	아내가 시집살이
상속	남녀의 차이가 없음	남성만이 상속을 받음
제사	㉰	남성이 지냄
호주	여성도 호주가 될 수 있음	남성이 호주가 됨
재혼	아내의 재혼 가능	㉱
남녀의 차이	양성평등 사회	남녀 차별 사회
차이점의 원인	조선 시대 중기에 들어, 남성을 중시하는 [㉲] 이 사회를 이끄는 기본 원리가 되었기 때문이다.	

❸ 요약 하기

다음은 위 글의 중심 내용을 요약한 것입니다. ㉮에 보기 의 ①∼⑥을 알맞게 넣어 요약 글을 완성해 보세요.

문제 개수 1 개

맞은 개수   개

틀린 개수   개

고려 시대와 조선 시대 여성들의 삶은 크게 달랐다. 고려 시대에는 남편이 처가살이를 했고, 여자가 남자 형제와 똑같이 상속을 받고 제사를 지냈으며, 호주가 될 수 있었다. 또한 남편을 여읜 아내는 재혼을 할 수 있었다. 고려 시대는 남녀의 차별이 없는 양성평등 사회였던 것이다. 이러한 고려의 풍습은 조선 시대 전기까지 이어졌다. 그러나 조선 시대 중기에 들어 성리학이 사회를 이끄는 기본 원리가 되었고, 조선 시대는 [㉮]   가 되었다.

④ 제목 달기

다음은 위 글에 가장 어울리는 제목을 지어 보는 과정입니다. 보기에 주어진 단어를 이용해서 제목을 달아 보세요.

문제 개수 1 개

맞은 개수 ( ) 개

틀린 개수 ( ) 개

보기   고려 시대   남녀의 차별   없는

┌───┐
│   │
└───┘

총 문제 개수 ⑨ 개 | 총 맞은 개수 ( ) 개 | 총 틀린 개수 ( ) 개

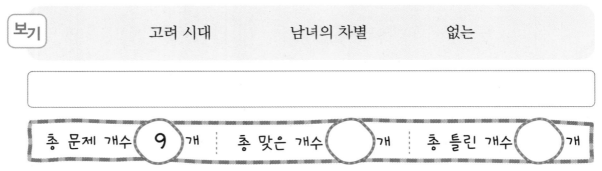

생각하고 되새기는

글을 읽고 나서 오늘 공부를 신나게 시작하자고!

캥거루족과 니트족이 되지 맙시다!

캥거루족은 나이가 들거나 학교를 졸업하고서도 부모님에게 의지하고 사는 사람을 말합니다. 캥거루가 새끼를 주머니에서 키우는 것을 빗대어 말한 것입니다.

캥거루족과 유사한 것으로 니트족이 있습니다. 니트족은 나이가 든 뒤에도 진학이나 취직을 하지 않고, 직업 훈련도 받지 않는 사람을 가리키는 말입니다. 영어로 'Not in Education, Employment or Training' 의 앞 글자를 따서 만든 말이지요. 우리나라에서는 일하지도 않고, 일할 의지도 없는 청년 실업자를 뜻하는 말입니다. 그래서 나이 든 부모한테 신세를 지고 살아가는 거예요.

캥거루족이나 니트족이 되고 싶지 않다면, 스스로 생각하고, 결정하고, 행동하는 것이 필요합니다. 그리고 무엇보다 독립 정신을 갖고, 스스로 삶을 개척해 가는 것이 중요하답니다.

머리 풀어주는 퍼즐

창의사고력 기초 다지기 연상추리력 쑥~

다음의 그림을 완성시키려면 모양의 조각이 몇 개 필요할까요?

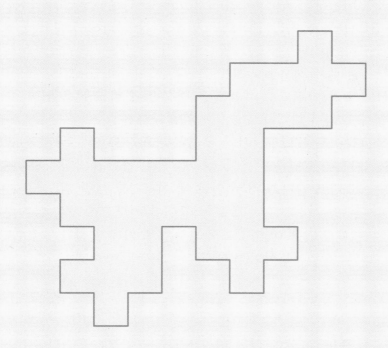

개

● 오늘의 읽기 자료입니다. 잘 읽고 문제를 풀어 보세요.

"길례야! 어서 가라니까 안 가고 여적 사냐?"

"야! 난 길례가 아니야! 기옥이라고, 권! 기! 옥!"

또박또박 이름을 일러 주던 기옥이는 커서 우리나라 최초의 여자 비행사가 된답니다.

그녀는 1901년 평양에서 태어났습니다. 아버지가 기다리던 아들이 아니라며 '어서 가라 (죽어라)'는 뜻으로 '길례'라고요 불렀지요. 하지만 그녀는 결코 주눅이 들지 않았습니다. 공장에 다니며 어깨너머로 글을 배우고, 막내 동생을 업고서 학교에도 다녔습니다. 17살이 되던 해에는 미국인 비행사의 곡예비행을 보고 하늘을 나는 꿈을 처음 키웁니다.

그 후 그녀는 3 · 1운동과 비밀 활동으로 일본 경찰에 의해 고문까지 겪게 되었고, 결국 상해로 망명하게 됩니다. 그곳에서 그녀는 또다시 비행사가 되기로 결심합니다. 비행기를 타고 조선 총독부을 향해 폭격을 하기로 마음먹은 것이지요. 1923년, 여자라는 이유로 입학 을 거절하던 중국의 항공 학교도 그녀의 굳은 결심 앞에 학교 문을 열어 주었고, 2년 뒤 꿈에 그리던 비행사 배지를 달았습니다.

독립이 되자, 그녀는 조국으로 돌아와 우리나라 공군을 만드는 데 큰 힘을 보태었습니다. 그녀는 젊은이들에게 "꿈이 없으면 송장 이나 다를 게 없어. 그리고 남자가 하는 일 중에 여자라고 못할 일 이 뭐가 있어! 남자들 꽁무니에 숨지 말고 이끌어야 한다."고 항상 말했습니 다. 여성에 대한 차별과 가난을 이기고 조국의 독립을 위해 열심히 노력했던 권기옥. 1988년 그녀는 독립운동가와 비행사로서의 생을 마감했습니다.

① 핵심어 찾기

문제 개수 7 개

맞은 개수 ◯ 개

틀린 개수 ◯ 개

다음 어휘들 중에 위 글에 나온 어휘가 있으면 빈칸에 동그라미 하세요. 동그라미 한 어휘 들이 위 글의 주제와 가장 관련이 높은 핵심어입니다.

길례	독립운동가	권기옥	해군	안창남	여자 비행사	꿈

♥ 다음 보기 를 이용해서 ❷~❸번 문제를 풀어 보세요.

보기
① 어려운 형편에도 공장에 다니면서 학교에 다녔고
② 17살 되던 해에
③ 3 · 1운동과 비밀 활동에 참여하여
④ 독립운동가와 비행사로의
⑤ 우리나라 최초의 여성 비행사가 되었고
⑥ '어서 가라(죽어라)' 라는 뜻의 갈례라고도 불렸지만
⑦ 특히 여자들이 앞장서서 꿈을 이룰 것을 당부하였다

❷ 글의 짜임 그리기

다음은 위 글의 내용을 한눈에 볼 수 있도록 정리한 표입니다. 가~마에 보기 의 ①~⑦을 알맞게 넣어 표를 완성해 보세요.

문제 개수 5 개

맞은 개수 ◯ 개

틀린 개수 ◯ 개

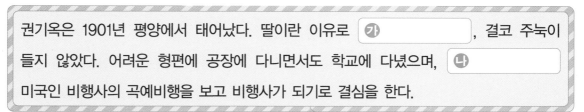

권기옥은 1901년 평양에서 태어났다. 딸이란 이유로 [가   ], 결코 주눅이 들지 않았다. 어려운 형편에 공장에 다니면서도 학교에 다녔으며, [나   ] 미국인 비행사의 곡예비행을 보고 비행사가 되기로 결심을 한다.

⬇

그 후 [다   ] 고문을 당하였고, 상해로 망명을 하여 조국의 독립을 위해 비행사가 되기로 또다시 결심을 하였다. 1925년 중국의 항공 학교를 마친 그녀는 [라   ], 우리나라 공군을 만드는 데 많은 도움을 주었다.

⬇

그녀는 항상 젊은이는 꿈을 가져야 하며, 특히 여자들이 앞장서서 꿈을 이룰 것을 당부했다. 1988년, 권기옥은 [마   ] 생을 마감했다.

❸ 요약하기

다음은 위 글의 중심 내용을 요약한 것입니다. 가, 나에 보기 의 ①~⑦을 알맞게 넣어 요약 글을 완성해 보세요.

문제 개수 2 개

맞은 개수 ◯ 개

틀린 개수 ◯ 개

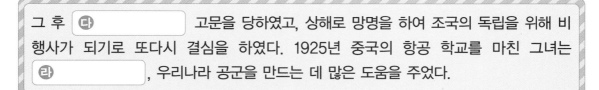

   1901년 평양에서 태어난 권기옥은 딸이란 이유로 갖은 구박을 받았지만 결코 주눅이 들지 않았다. [가   ], 17살 때 처음으로 곡예비행을 보고는 비행사가 되기로 결심했다. 그 후, 독립운동에 참여하여 고문을 당하였고 상해로 망명을 하였다. 그곳에서 그녀는 1925년 우리나라 최초의 여자 비행사가 되었고, 우리나라 공군을 만드는 데 많은 도움을 주었다. 그녀는 젊은이라면 당연히 꿈을 가져야 하며, [나   ]. 1988년, 권기옥은 독립운동가와 비행사로의 생을 마감했다.

다음은 위 글의 제목 후보입니다. 먼저, 위 글의 제목으로 가장 알맞은 것을 골라 빈칸에 ○를 하세요. 그런 다음, 주어진 조건에 맞게 ×, △, □를 표시하세요. (단, ○는 딱 한 개만 고르세요.)

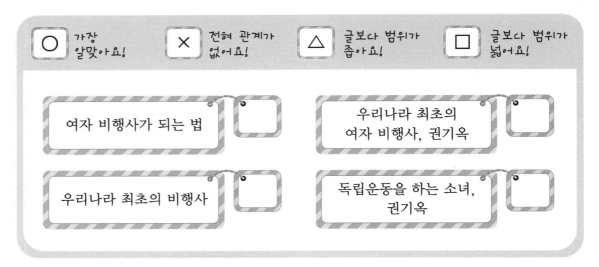

○ 가장 알맞아요!   × 전혀 관계가 없어요!   △ 글보다 범위가 좁아요!   □ 글보다 범위가 넓어요!

여자 비행사가 되는 법 ⬜

우리나라 최초의 여자 비행사, 권기옥 ⬜

우리나라 최초의 비행사 ⬜

독립운동을 하는 소녀, 권기옥 ⬜

총 문제 개수 ⟨18⟩ 개 │ 총 맞은 개수 ◯ 개 │ 총 틀린 개수 ◯ 개

글을 읽고 나서 오늘 공부를 신나게 시작하자고!

상식 쏙쏙 키우는 72

허브가 뭐예요?

허브는 서양에서 향료나 약으로 쓰기 위해 키우는 식물을 말해요. 허브차는 풀이나 약초의 꽃잎이나 씨앗, 뿌리 등을 말려 끓여 만드는 차예요. 이 차는 음료수로도 마시지만 건강이나 몸과 마음을 안정시키는 효과가 있어서 약으로 마시기도 해요. 허브는 종류에 따라 다른 약효를 지니고 있어요.

라벤더 : 스트레스를 풀어 주고 불면증, 편두통에 좋다.

레몬 밤 : 기억력이 좋아지고 우울증과 노화를 방지해 준다.

로즈메리 : 기억력을 높여 주고 숙면을 도와준다. 신경통에 효과적이다.

재스민 : 피부에 탄력을 주고 젖이 잘 나오게 해 준다. 목이 쉬었을 때도 좋다.

페퍼민트 : 박하 맛이 나 상쾌하고 살균 효과가 있다.

13회 머리 풀어주는 퍼즐

도전 시간 00 분 30 초

걸린 시간 분 초

창의사고력 기초 다지기 판단능력 쏙~

출발 지점에서 도착 지점까지 1에서 9까지 한 번만 통과하도록 줄을 그어 보세요. 단, 대각선으로는 줄을 그을 수 없습니다.

4	6	3	1	2	← 출발
1	7	4	8	6	
2	5	6	5	9	
3	9	9	7	8	
6	4	3	2	5	

도착 ← 6 4 3 2 5

속독 정독

빠르고 **정확**하게 읽기

도전시간

| 7 분 | 20 초 |

걸린시간

| 분 | 초 |

● 오늘의 읽기 자료입니다. 잘 읽고 문제를 풀어 보세요.

20○○년 ○월 ○○일

수다수다에 들어갔다. 수다수다는 인터넷 사이트로 친구들과 이야기도 나눌 수 있고 새로운 친구도 사귀고 게임도 할 수 있어 내 또래 아이들한테 인기가 많다. 그런데 오늘은 '잘난나' 란 아이 때문에 너무 짜증이 났다. 인터넷은 얼굴도 모른 채 이름 대신 별명을 쓰는 공간이기 때문에 네티켓이라는 예의범절을 지켜야 한다. 하지만, 그 아이는 '욕하지 않기, 맞춤법에 맞는 인터넷 용어 쓰기, 자기 글을 여러 번 올려서 도배하지 않기, 상대방을 무시하거나 헐뜯지 않기' 등의 네티켓을 전혀 지키지 않았다.

'잘난나' 는 처음 만났는데도 무조건 반말을 하더니, 게임에서 졌다고 욕을 했다. 채팅 방에서도 '잘난나' 는 네티켓을 지키지 않았다. 맞춤법에도 맞지 않는 인터넷 용어를 너무 많이 사용해서 친구들이 잘 이해할 수가 없었다. 자기 글에 댓글이 없자, 또다시 욕을 하기 시작했다. 그러더니, 똑같은 이야기만 계속 올려 온통 자기 글로 도배를 해 버리기도 했다.

아이디 '뽀까' 라는 친구에게는 '아이디가 그게 뭐냐' 며, '실제로 만나면 널 볶아버리겠다' 고 함부로 말했다. 다른 친구들이 너무 심하다고 하자, '수다수다는 이상해! 인터넷에서 뭐 그럴 수도 있지! 그걸 갖고 이 난리들이야?' 하며 화를 냈다. 그러고는 '민들레는 거짓말쟁이' 라며 내 글에 계속 댓글을 달기 시작했다. 내가 전에 올린 '우리나라의 유네스코 문화유산' 자료가 잘못 되었다는 것이다. 나는 너무 화가 나서 수다수다를 그냥 나와 버렸다. '잘난나' 를 다시는 만나지 않았으면 좋겠다.

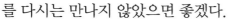

❶ 핵심어 찾기

다음 문장의 빈칸에 알맞은 낱말을 적어 보세요. 빈칸의 낱말이 위 글에서 가장 중요한 핵심어입니다.

문제 개수 1 개

맞은 개수 ⬡ 개

틀린 개수 ⬡ 개

□□□□이란 통신망(network)과 예의범절(etiquette)의 합성어로, 인터넷과 같은 네트워크 사용자들이 서로에게 지켜야 할 예의범절을 말합니다.

62

♥ 다음 보기를 이용해서 ❷~❸번 문제를 풀어 보세요.

보기
① 서로 얼굴도 모른 채 이름 대신 아이디를 사용하여 만나기 때문에
② 기분 좋은 인터넷 사용을 위해
③ 인터넷과 같은 네트워크 사용자들이 서로에게 지켜야 할 예의범절
④ 자기 글을 여러 번 올려서 도배하지 않기
⑤ 맞춤법에 맞는 인터넷 용어 쓰기   ⑥ 서로에게 함부로 대할 수 있다
⑦ 상대방을 무시하거나 헐뜯지 않기   ⑧ 통신망(network)＋예의범절(etiquette)

❷
글의 짜임
그리기

다음은 위 글의 내용을 한눈에 볼 수 있도록 정리한 표입니다. ㉮~㉣에 보기의 ①~⑧을 알맞게 넣어 표를 완성해 보세요.

문제 개수 **4** 개

맞은
개수   개

틀린
개수   개

네티켓(netiquette)	
뜻	㉮ 의 합성어 인터넷과 같은 네트워크 사용자들이 서로에게 지켜야 할 예의범절
필요한 이유	㉯ , 서로에게 함부로 대할 수 있다.
내용	1. 욕하지 않기 2. ㉰ 3. 자기 글을 여러 번 올려서 도배하지 않기 4. ㉱

❸
요약
하기

다음은 위 글의 중심 내용을 요약한 것입니다. ㉮~㉣에 보기의 ①~⑧을 알맞게 넣어 요약 글을 완성해 보세요.

문제 개수 **4** 개

맞은
개수   개

틀린
개수   개

인터넷은 서로 얼굴도 모른 채 이름 대신 아이디를 사용하여 만나는 공간이다. 그렇기 때문에 ㉮   . 이를 막기 위해서 필요한 것이 '네티켓' 이다. 네티켓이란, 통신망(network)과 예의범절(etiquette)의 합성어로 ㉯   을 말한다. 지켜야 할 네티켓 내용으로는 '욕하지 않기, 맞춤법에 맞는 인터넷 용어 사용하기, ㉰   , 상대방을 무시하거나 헐뜯지 않기' 등이 있다. ㉱   우리 모두 네티켓을 실천해야 한다.

4 제목 달기

문제 개수 **4** 개

맞은 개수 ⬜ 개

틀린 개수 ⬜ 개

다음은 위 글의 제목 후보입니다. 먼저, 위 글의 제목으로 가장 알맞은 것을 골라 빈칸에 ○를 하세요. 그런 다음, 주어진 조건에 맞게 ×, △, □를 표시하세요. (단, ○는 딱 한 개만 고르세요.)

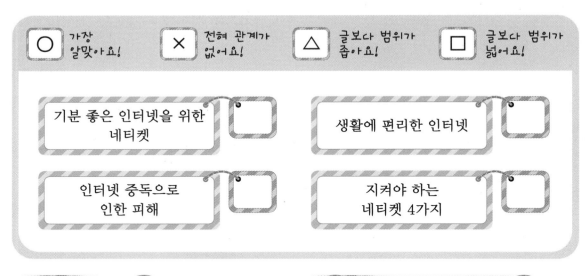

| ○ 가장 알맞아요! | × 전혀 관계가 없어요! | △ 글보다 범위가 좁아요! | □ 글보다 범위가 넓어요! |

기분 좋은 인터넷을 위한 네티켓 ⬜

생활에 편리한 인터넷 ⬜

인터넷 중독으로 인한 피해 ⬜

지켜야 하는 네티켓 4가지 ⬜

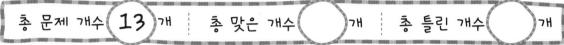

총 문제 개수 **13** 개 │ 총 맞은 개수 ◯ 개 │ 총 틀린 개수 ◯ 개

글을 읽고 나서 오늘 공부를 신나게 시작하자고!

마음에 힘이 되는 글

옷감장수 레벤후크

눈에 보이지 않는 아주 작은 것들도 볼 수 있는 현미경. 이 현미경을 처음 만든 사람은 과학자가 아니라, 옷감 장수였답니다. 네덜란드의 조그마한 마을에 레벤후크라는 호기심이 많은 사람이 있었어요. 그는 옷감을 팔던 옷감 장수였지요. 그에게는 독특한 취미가 있었는데, 바로 현미경 만들기였답니다.

1674년, 그는 썩 괜찮은 현미경을 만들어 내서는 자기가 팔던 옷감과 파리, 올챙이 등을 자세히 들여다보았지요. 그는 연못 물을 떠다가 그 안을 현미경으로 자세히 관찰했답니다. 그런데 그는 깜짝 놀랐어요. 연못 물속에서 아주 작은 생물들이 꼼지락거리며 움직이는 것을 발견했기 때문이랍니다. 그는 과학자도 발견하지 못한, 물속 생물을 최초로 발견했답니다. 조그마한 호기심으로 커다란 과학적 발견을 이룬 레벤후크. 여러분도 그처럼 호기심을 키워 보세요.

도전 시간	걸린 시간
00 분 20 초	분 초

창의사고력 기초 다지기 정보처리능력 쑥~

아래에 A, B, C의 세 섬이 있습니다. 이 섬들을 오고 가기 위해서는 그림의 다리를 이용하는 방법밖에 없습니다. A섬에서 C섬으로 갈 수 있는 방법은 몇 가지일까요?

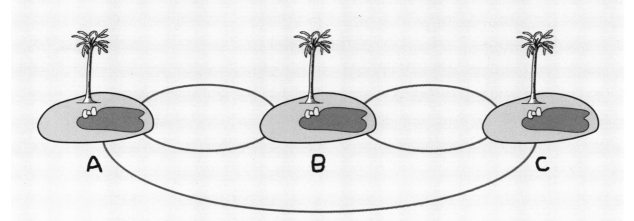

가지

● 오늘의 읽기 자료입니다. 잘 읽고 문제를 풀어 보세요.

　　다른 사람이 쓴 불조심 글짓기를 슬쩍 베껴 내서 상을 받은 나베껴 군. 나베껴 군은 자신도 모르게 저작권법이란 법을 어기고 말았답니다. 저작권이란 어떤 사람의 창작으로 문화나 기술과 관련해 만들어진 결과물에 대한 권리를 말합니다. 소설가가 쓴 소설, 화가가 그린 그림, 프로그램 개발자가 만든 컴퓨터 프로그램에는 모두 창작한 사람의 저작권이 있답니다. 그러니까 나베껴 군의 행동은 바로 다른 사람의 저작권을 훔친 셈이지요.

　　우리도 가끔 나베껴 군이 되는 경우가 있답니다. 좋아하는 가요를 학교 홈페이지에 올린다거나, 인터넷에서 자료를 긁어 그대로 숙제로 낸 적이 있거나, 다른 사람이 쓴 좋은 글을 카페에 올렸다면 이것도 저작권법을 어긴 것이지요. 그러나 이런 경우는 저작권법을 어긴 것이 아니랍니다. 친구의 음악 CD를 내 컴퓨터에 깔고 듣기, 좋아하는 TV 만화를 녹화하기, 돈을 내고 산 음악을 MP3에 다운로드 받기, 게임 CD를 구입해서 친구에게 빌려 주기 등은 찜찜해 할 필요가 없지요.

　　여러분, 저작권을 왜 보호해야만 하는 걸까요? 영화 한 편을 만들기 위해서는 많은 사람의 노력, 시간, 돈이 필요합니다. 만약, 힘들게 만든 영화를 정당한 대가 없이 마음대로 관람하게 된다면, 영화감독은 다시는 영화를 만들지 않을 거예요. 당장은 값싸게 영화를 볼 수 있을지 모르지만, 더 아름답고 훌륭한 영화를 볼 수 없게 되는 것이지요. 저작권 보호는 더욱 발전된 문화를 즐기기 위해서 필요하답니다.

❶ 핵심어 찾기

다음 문장의 빈칸에 알맞은 낱말을 적어 보세요. 빈칸의 낱말이 위 글에서 가장 중요한 핵심어입니다.

문제 개수 1 개

맞은 개수 ◯ 개

틀린 개수 ◯ 개

　　　　　　　　　이란 어떤 사람의 창작으로 문화와 기술과 관련해 만들어진 결과물에 대한 권리를 말한답니다.

♥ 다음 보기 를 이용해서 ❷~❸번 문제를 풀어 보세요.

보기
① 소설가가 쓴 소설, 화가가 그린 그림, 프로그램 개발자가 만든 컴퓨터 프로그램 등
② 어떤 사람의 창작으로 문화나 기술과 관련되어 만들어진 결과물에 대한 권리
③ 다른 사람의 글을 마음대로 카페에 올리기
④ 인터넷 자료 그대로 숙제로 내기   ⑤ 구입한 음악을 MP3에 다운로드 받기
⑥ 가요를 학교 홈페이지에 올리기   ⑦ 구입한 게임 CD를 친구에게 빌려 주기
⑧ 친구 음악 CD를 내 컴퓨터에 깔기   ⑨ 좋아하는 TV 만화 녹화하기

❷
글의 짜임
그리기

다음은 위 글의 내용을 한눈에 볼 수 있도록 정리한 표입니다. 가~마에 보기 의 ①~⑨을 알맞게 넣어 표를 완성해 보세요.

문제 개수 5 개

맞은
개수 ⬭ 개

틀린
개수 ⬭ 개

저작권		
뜻	어떤 사람의 창작으로 문화와 기술과 관련해 만들어진 결과물에 대한 권리	
예	가	
필요한 이유	우리가 문화를 더욱 발전시켜, 더 좋은 문화를 즐기기 위해서	
생활 속 저작권	위반한 경우	위반이 아닌 경우
	• 나 • 다 • 다른 사람이 쓴 좋은 글을 마음대로 카페에 올리기	• 친구의 음악 CD를 빌려 내 컴퓨터에 깔고 듣기 • 좋아하는 TV 만화 녹화하기 • 라 • 마

❸
요약
하기

다음은 위 글의 중심 내용을 요약한 것입니다. 가~아에 보기 의 ①~⑨을 알맞게 넣어 요약 글을 완성해 보세요.

문제 개수 8 개

맞은
개수 ⬭ 개

틀린
개수 ⬭ 개

　　저작권이란 가 　　 를 말한답니다. 즉 소설가가 쓴 소설, 화가가 그린 그림, 프로그램 개발자가 만든 프로그램 등에는 창작한 사람의 저작권이 있는 것이지요.
　　그런데, 나도 모르는 사이에 생활 속에서 저작권을 위반하기 쉽습니다.
나 　, 다 　, 라 　 하는 행동이 바로 그것입니다. 반면, 이런 행동은 저작권법 위반이 아닙니다. 마 　, 바 　, 사 　,
아 　 같은 행동이지요. 저작권이 필요한 이유는 우리의 문화를 더욱 발전시켜 더 좋은 문화를 즐기기 위해서입니다.

67

④ 제목 달기

다음은 위 글에 가장 어울리는 제목을 찾는 과정입니다. 서로 관계 있는 것끼리 줄로 이으세요.

문제 개수 3 개

맞은 개수 ⬜ 개

틀린 개수 ⬜ 개

이런 행동은 저작권 위반 ★　　　★ 이 글의 제목으로 딱 좋아!

생활 속 저작권 상식 ★　　　★ 범위가 너무 좁아!

저작권 위반에 따른 처벌 ★　　　★ 이 글과 상관없는 제목이야!

총 문제 개수 ⑰ 개 │ 총 맞은 개수 ◯ 개 │ 총 틀린 개수 ◯ 개

좋은 습관 다지는 7권

TV 보는 습관

글을 읽고 나서 오늘 공부를 신나게 시작하자고!

　　TV는 정보와 뉴스를 전해주는 매체이기도 하고, 매력적인 오락 기구이기도 해요. TV는 우리 생활과 떼려야 뗄 수 없습니다. 따라서 TV 보는 습관도 중요해요. 한 조사에 따르면 엄마가 가장 많이 하는 잔소리 1위가 TV와 관련된 것이래요. TV를 보는 바른 습관을 익히도록 해요.

　1. TV는 시력을 나쁘게 할 수 있으므로 멀리서, 좋은 화질로, 어둡지 않은 곳에서 봐요.

　2. 너무 늦은 시간까지 TV를 보지 않아요. 숙제도 못하고, 해야 할 일도 못할 정도로 TV에 매인다면 TV의 노예가 된 거나 마찬가지지요.

　3. 지나친 폭력물이나 어른용 프로그램은 더 커서 봐도 늦지 않아요.

　4. 식사를 하거나 숙제를 하면서 TV를 보지 않아요. 먹으면서 TV를 보면 과식하기 쉽고, TV를 보면서 다른 것을 하면 산만해지기 쉬워요.

머리 풀어주는 퍼즐

도전 시간	걸린 시간
00 분 20 초	분 초

창의사고력 기초 다지기 계산능력 쑥~

다음 케이크에서 안쪽 조각과 바깥쪽 조각의 두 수의 합은 모두 같습니다. 숫자가 적히지 않은 조각에 들어갈 수를 적어 보세요.(단, 두 수의 합이 10 이상이어서는 안 됩니다.)

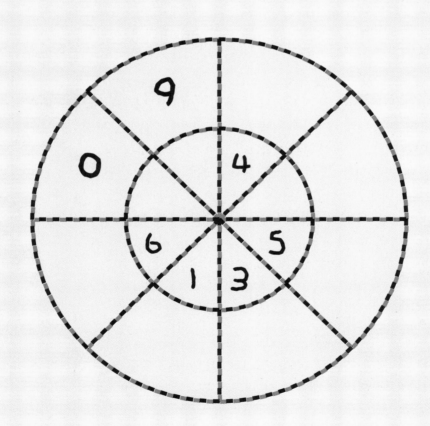

빠르고 **정확**하게 **읽기**

속독 청독

도전시간

8 분 00 초

걸린시간

분 초

● 오늘의 읽기 자료입니다. 잘 읽고 문제를 풀어 보세요.

카피레프트(copyleft)는 저작권을 뜻하는 카피라이트(copyright)의 'right'에 빗대어서 생겨난 말이랍니다. 저작권을 갖고 있지 않은 사람도 이를 자유롭게 쓸 수 있도록 하자는 운동이지요. 이 운동을 맨 처음 주장한 사람은 미국 MIT 대학의 컴퓨터 학자인 리처드 스톨만입니다. 어느 날, 그는 '내가 쓰는 프로그램을 친구에게 복사해 주면 절도죄일까?'라는 의문을 갖게 되었답니다. 그는 '누구나 쉽게 정보에 접근할 수 있고, 정보와 지식을 함께 나누는 것이 진정 가치 있는 행동'이라고 생각하게 되었고, 자신이 만든 프로그램을 공짜로 나누어 주었지요. 점차 많은 사람들이 그와 생각을 함께하게 되어, '리눅스'라는 컴퓨터 운영 프로그램도 무료로 공개되었습니다. 컴퓨터를 운영하기 위해서는 빌 게이츠가 개발한 '윈도'를 사서 써야 했습니다. 그런데 '윈도'에 대적하는 '리눅스'를 돈이 없는 사람도 누구든지 사용할 수 있도록 무료로 공개한 것이지요.

하지만, 카피레프트 운동은 저작권자의 동의 없이 정보를 퍼 나르는 불법 복제와는 분명히 다릅니다. 카피레프트 운동에 뜻을 함께하는 사람들은 자신이 만든 정보를 공개합니다. 그리고 이렇게 공개된 정보만을 자유롭게 공유하는 것이니까요. 현재, 카피레프트 운동은 컴퓨터 프로그램뿐만 아니라 모든 저작권으로까지 확산되고 있답니다. 정보를 독점한 기업이 얻는 지나친 부를 경고하고, 빈부의 차이 없이 누구나 정보를 얻을 수 있도록 하기 위한 카피레프트 운동에 점점 더 많은 사람이 함께하고 있답니다.

① 핵심어 찾기

다음은 위 글과 관련된 어휘들입니다. 가장 넓은 뜻을 지닌 어휘를 찾아 ✔ 해 보세요. 표시한 어휘가 위 글의 주제와 가장 관련이 깊은 핵심어입니다.

문제 개수 1 개

맞은 개수 ⬭ 개

틀린 개수 ⬭ 개

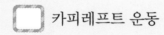

☐ 리눅스   ☐ 카피레프트 운동   ☐ 리처드 스톨만

70

♥ 다음 [보기]를 이용해서 ❷~❸번 문제를 풀어 보세요.

[보기]
① 컴퓨터 운영 프로그램인 '리눅스'   ② 리처드 스톨만
③ 정보를 독점한 기업이 얻게 되는 지나친 부를 경고
④ 저작권을 갖고 있지 않은 사람도 이를 자유롭게 쓰자는 정보 공유 운동
⑤ 빈부의 차이 없이 누구나 정보를 얻을 수 있도록 하기 위해
⑥ 저작권을 뜻하는 영어인 카피라이트(copyright)에 빗대어 생겨난 말

❷ 글의 짜임 그리기

[문제 개수 4 개]

맞은 개수 ◯ 개

틀린 개수 ◯ 개

다음은 위 글의 내용을 한눈에 볼 수 있도록 정리한 표입니다. ㉮~㉣에 [보기]의 ①~⑥을 알맞게 넣어 표를 완성해 보세요.

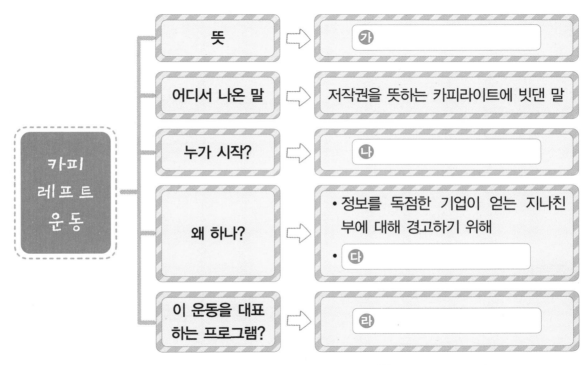

카피 레프트 운동

뜻 ⇨	㉮
어디서 나온 말 ⇨	저작권을 뜻하는 카피라이트에 빗댄 말
누가 시작? ⇨	㉯
왜 하나? ⇨	• 정보를 독점한 기업이 얻는 지나친 부에 대해 경고하기 위해 • ㉰
이 운동을 대표 하는 프로그램? ⇨	㉱

❸ 요약 하기

다음은 위 글의 중심 내용을 요약한 것입니다. ㉮, ㉯에 [보기]의 ①~⑥을 알맞게 넣어 요약 글을 완성해 보세요.

[문제 개수 2 개]

맞은 개수 ◯ 개

틀린 개수 ◯ 개

　　카피레프트(copyleft) 운동이란 저작권을 갖고 있지 않은 사람도 이를 자유롭게 쓰자는 정보 공유 운동으로, [㉮] 이다. 이를 처음 시작한 사람은 리처드 스톨만이다. 이 운동을 대표하는 컴퓨터 프로그램으로는 '리눅스'가 있는데, 컴퓨터 운영 프로그램을 독점하고 있는 '윈도'에 대적하는 프로그램으로 무료로 사용할 수 있다. 이 운동에 뜻을 같이 하는 사람들은 [㉯] 하고, 빈부의 차이 없이 누구나 정보를 얻을 수 있도록 하기 위함이라고 주장하고 있다.

④ 제목 달기

문제 개수 4 개

맞은 개수 ◯ 개

틀린 개수 ◯ 개

다음은 위 글의 제목 후보입니다. 먼저, 위 글의 제목으로 가장 알맞은 것을 골라 빈칸에 ◯를 하세요. 그런 다음, 주어진 조건에 맞게 ×, △, □를 표시하세요. (단, ◯는 딱 한 개만 고르세요.)

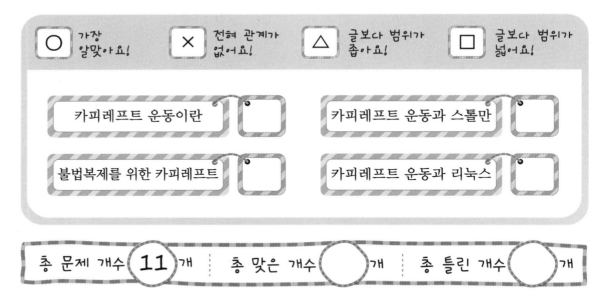

◯ 가장 알맞아요! × 전혀 관계가 없어요! △ 글보다 범위가 좁아요! □ 글보다 범위가 넓어요!

카피레프트 운동이란 ◯

카피레프트 운동과 스톨만 ◯

불법복제를 위한 카피레프트 ◯

카피레프트 운동과 리눅스 ◯

총 문제 개수 11 개 │ 총 맞은 개수 ◯ 개 │ 총 틀린 개수 ◯ 개

상식 쑥쑥 키우는 72

수상 가옥

글을 읽고 나서 오늘 공부를 신나게 시작하자고!

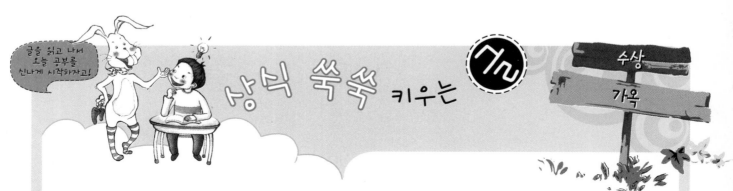

　　고온 다습하고 일 년 내내 여름인 동남아시아 여러 나라에서 볼 수 있습니다. 강바닥에 말뚝을 박고 말뚝 위에 마루판같이 널빤지를 대고 그 위에 벽과 지붕을 잇고, 그 위에 나무로 벽을 막은 구조입니다. 집 옆에 사다리로 연결한 뗏목을 띄워 놓고 욕실 겸 화장실로 씁니다.
　　중국 하이난, 베트남 하롱베이, 캄보디아의 씨엠립 등에는 수상 가옥으로 유명한 관광지가 많이 있습니다. 옛 왕조 시절부터 수도였던 방콕은 수로를 이용한 교통망이 발달해 '동양의 베니스' 라 불렸습니다. 방콕의 차오프라야 강 지류에는 수상 시장도 발달했으나 육상 교통이 발달하면서 차차 쇠퇴했습니다.

72

공부를 시작할 때도
준비운동이 필요하다고!
하나둘 하나둘

16회

도전 시간	걸린 시간
00 분 20 초	분 초

창의사고력 기초 다지기 주의집중력 쑥~

다음 중 보기와 같은 그림을 찾으세요.

보기

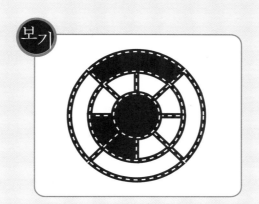

❶
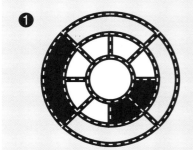

❷
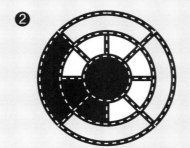

❸
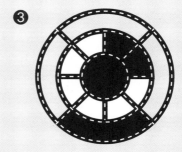

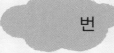
번

빠르고 **정확**하게 **읽기**

속독 정독

도전시간

| 8 분 | 30 초 |

걸린시간

| 분 | 초 |

● 오늘의 읽기 자료입니다. 잘 읽고 문제를 풀어 보세요.

세계 기록 유산인 팔만대장경은 1236년부터 16년에 걸쳐 만들어진 문화재입니다. 고려 시대에 몽골 군의 침입을 막기 위해 만든 팔만대장경이 어떻게 천 년의 세월을 이겨냈는지 알아볼까요?

우선, 팔만대장경의 재료에 그 비밀이 있습니다. 대장경판은 '산벚나무'로 만들었습니다. 산벚나무는 물관이 나이테에 고르게 퍼져 있어 수분이 일정하여, 오랜 세월을 견뎌야 하는 팔만대장경의 재료로 적합하답니다. 또한, 뒤틀림을 적게 하기 위해 50~60년 된 산벚나무를 겨울에만 베어 냈습니다. 그러고는 3년 동안 바닷물에 담가 두었다가, 다시 소금물에 삶아 그늘에서 서서히 말렸답니다. 이렇게 복잡한 과정을 거친 목판에 붓으로 경전을 쓴 후, 한 글자 한 글자 칼로 새겨 넣고는 옻칠을 했습니다. 나무로 만든 물건에 옻나무에서 얻은 진을 바르면 윤도 나고 벌레가 갉아 먹거나 물에 썩는 것도 막을 수 있기 때문입니다. 마지막으로 옻칠한 경판의 네 귀퉁이에 나무를 덧대면 뒤틀림을 완전히 막을 수 있었습니다.

또한, 장경각의 '창'과 '바닥'도 또 다른 비밀입니다. 장경각은 세계 문화유산으로 팔만대장경을 보관하고 있는 건물입니다. 장경각의 벽면 위아래로는 방향과 위치에 따라 크기가 다른 창이 두 개씩 나 있는데, 이 때문에 창밖의 공기가 장경각 구석구석으로 퍼진 후 다시 밖으로 나가게 된답니다. 그리고 숯과 횟가루 등으로 다져진 장경각의 바닥은 장경각 내부의 습기를 일정하게 유지해 줍니다. 숯과 횟가루는 비가 오면 습기를 빨아들이고 건조해지면 다시 내뿜기 때문입니다.

① 핵심어 찾기

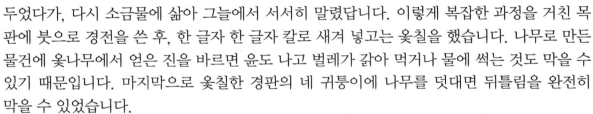

다음 어휘들 중에 위 글에 나온 어휘가 있으면 빈칸에 동그라미 하세요. 동그라미 한 어휘들이 위 글의 주제와 가장 관련이 높은 핵심어입니다.

문제 개수 6 개

맞은 개수 ⬜ 개
틀린 개수 ⬜ 개

초조대장경	장경각	옻칠	팔만대장경	조선 시대	과학 기술

74

♥ 다음 보기 를 이용해서 ❷~❸번 문제를 풀어 보세요.

보기
① 장경각   ② 창과 바닥
③ 독특한 창의 구조와 위치, 숯과 횟가루 등으로 다져진 바닥
④ 몽골 군의 침입을 막기 위해 불경을 새겨 넣은 경판
⑤ '산벚나무'로 만든 후, 경전을 새기고 '옻칠'을 하였다
⑥ 벌레의 공격 · 썩음 · 뒤틀림 방지

❷
글의 짜임
그리기

다음은 위 글의 내용을 한눈에 볼 수 있도록 정리한 표입니다. ㉮~㉱에 보기 의 ①~⑥을 알맞게 넣어 표를 완성해 보세요.

문제 개수 4 개

맞은 개수 ◯ 개

틀린 개수 ◯ 개

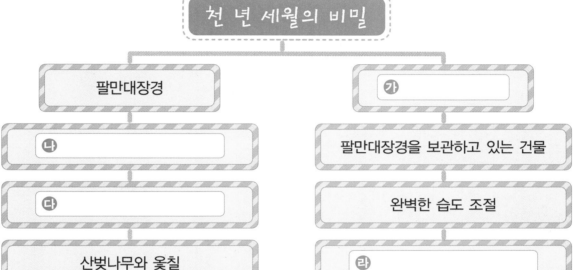

천 년 세월의 비밀

팔만대장경 ── ㉮

㉯ ── 팔만대장경을 보관하고 있는 건물

㉰ ── 완벽한 습도 조절

산벚나무와 옻칠 ── ㉱

❸
요약
하기

다음은 위 글의 중심 내용을 요약한 것입니다. ㉮~㉱에 보기 의 ①~⑥을 알맞게 넣어 요약 글을 완성해 보세요.

문제 개수 4 개

맞은 개수 ◯ 개

틀린 개수 ◯ 개

㉮_____ 팔만대장경이 천년의 세월을 이겨낼 수 있었던 이유는 무엇일까? 팔만대장경과 장경각에 그 비밀이 숨겨져 있다. 우선, 팔만대장경은 ㉯_____. 이는 경판의 뒤틀림과 벌레의 공격, 물로 인한 썩음을 막아 주었다. 또한, 팔만대장경을 보관하고 있는 장경각의 ㉰_____ 에도 그 비밀이 있다. ㉱_____ 은 장경각 내부의 습도를 완벽하게 조절해 준다.

④ 제목 달기

문제 개수 **4** 개

맞은 □ 개
개수

틀린 □ 개
개수

다음은 위 글의 제목 후보입니다. 먼저, 위 글의 제목으로 가장 알맞은 것을 골라 빈칸에 ○를 하세요. 그런 다음, 주어진 조건에 맞게 ×, △, □를 표시하세요. (단, ○는 딱 한 개만 고르세요.)

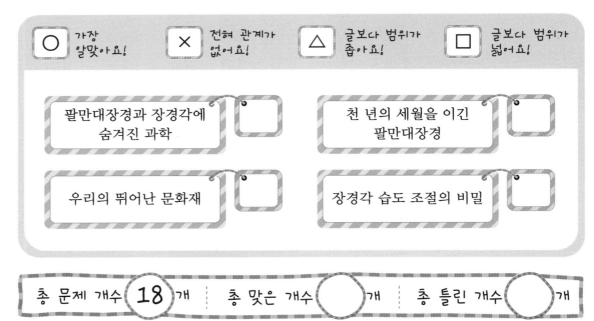

○ 가장 알맞아요!   × 전혀 관계가 없어요!   △ 글보다 범위가 좁아요!   □ 글보다 범위가 넓어요!

팔만대장경과 장경각에 숨겨진 과학 □

천 년의 세월을 이긴 팔만대장경 □

우리의 뛰어난 문화재 □

장경각 습도 조절의 비밀 □

총 문제 개수 **18** 개   │   총 맞은 개수 ◯ 개   │   총 틀린 개수 ◯ 개

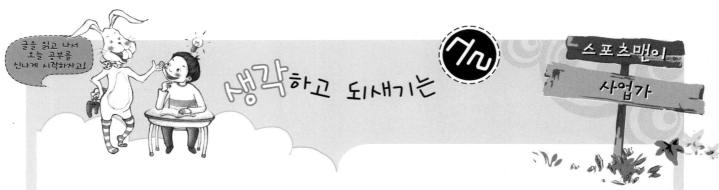

글을 읽고 나서 오늘 공부를 신나게 시작하자고!

생각하고 되새기는   7과

스포츠맨이 사업가

남자 프로 골프 세계 4대 대회를 모두 석권해 골프의 제왕이라고 불리는 잭 니클러스. 여러 세계 유명 테니스 대회에서 우승한 프랑스의 르네 라코스트, 골프 선수로 PGA 사상 61번이나 우승하여 살아 있는 전설이라 불리우는 아놀드 파마.

세 사람은 성공한 프로 운동선수라는 점 말고 또 하나 공통점이 있습니다. 자기 이름을 내걸고 패션 사업에 뛰어들어 성공한 사람들이란 점입니다. 잭 니클러스는 황금 곰이 가슴에 새겨진 잭 니클라우스라는 골프 웨어를, 르네 라코스트는 악어라는 자기 별명을 로고 삼아 라코스떼라는 의류를, 아놀드 파마는 우산 모양의 로고를 내세워 골프 웨어 사업에서 성공했습니다.

한 분야에서 성공을 하면 다른 분야에서도 성공하기 아주 쉽답니다.

76

머리 풀어주는

도전 시간
00 분 60 초

걸린 시간
분   초

창의사고력 기초 다지기   연상추리력 쏙~

10개의 공이 있습니다. 이 공을 다음 보기 의 조건에 맞게 놓으려고 합니다. 실제로 10개의 공을 사용하여 조건에 맞게 놓아 보세요.

보기
- 공을 5열로 놓습니다.
- 한 줄에 정확히 4개씩 놓습니다.
- 4개의 공을 직선으로 이었을 때 5개의 선이 만들어지도록 합니다.

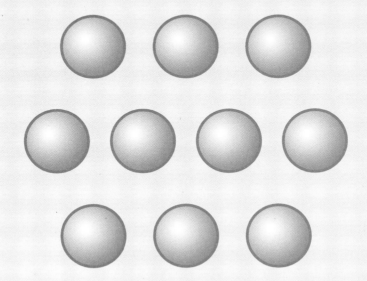

빠르고 정확하게 읽기

도전시간

8 분 00 초

걸린시간

분 초

● 오늘의 읽기 자료입니다. 잘 읽고 문제를 풀어 보세요.

지난 주말, 가족과 함께 수원에 있는 화성에 다녀왔다. 화성은 조선의 정조가 만든 성으로, 1997년 유네스코가 정한 세계 문화유산이다. 그런데 나는 1970년대에 다시 복원된 화성이 어떻게 세계 문화유산이 될 수 있었는지 궁금했다. 엄마는 '화성성역의궤' 덕분이라고 했다. 조선 시대는 나라에 큰 행사가 있으면 '의궤' 라는 기록을 자세히 남겼다고 한다.

'화성성역의궤' 는 화성에 관한 기록으로 총 10권으로 구성되어 있는데, 그 첫 번째 특징은 금속 활자로 인쇄했다는 점이다. 그렇기 때문에 지금까지 여러 부의 인쇄 원본이 남아 있을 수 있단다. 또 다른 특징은 화성 공사에 관한 모든 내용이 담겨져 있다는 점이다. '의궤' 를 보면, 공사 일정과 감독관에 관한 자료와 공사의 예산 · 실제 사용된 비용까지 기록되어 있다. 게다가 당시의 건물 모습과 건축 용어, 공사에 사용된 기구의 생김새까지 그림과 함께 기록되어 있다. 마지막으로 '화성성역의궤' 는 기록된 내용이 아주 치밀하다는 특징을 지니고 있다. 각 건물에 사용된 못의 크기와 수량, 못 하나의 가격은 물론이고 공사에 참여한 장인의 이름과 출신지까지도 모두 적혀 있다.

나는 수원천이 흐르는 북 수문을 보며, 지금은 사라진 남 수문의 모습은 어땠을까 궁금했다. 하지만, 곧 200년 전 모습 그대로의 남 수문을 볼 수 있을 거라는 생각이 들었다. 왜냐하면, 우리에겐 믿음직한 '화성성역의궤' 가 있으니까 말이다. 화성을 나서면서, 조상들의 뛰어난 기록 문화에 자부심을 갖게 되었다.

① 핵심어 찾기

다음은 위 글과 관련된 어휘들입니다. 가장 넓은 뜻을 지닌 어휘를 찾아 ✔ 해 보세요. 표시한 어휘가 위 글의 주제와 가장 관련이 깊은 핵심어입니다.

문제 개수 1 개

맞은 개수 ◌ 개

틀린 개수 ◌ 개

☐ 기록 문화　　　　☐ 화성성역의궤　　　　☐ 의궤

♥ 다음 보기를 이용해서 ❷~❸번 문제를 풀어 보세요.

보기 ① 금속 활자로 인쇄   ② 방대한 내용
③ 화성성역의궤   ④ 유네스코가 인정한 세계 문화유산
⑤ 사용된 못의 크기와 수량, 못 하나의 가격까지 기록
⑥ 화성 건축의 모든 과정을 기록한 책자

❷
글의 짜임
그리기

다음은 위 글의 내용을 한눈에 볼 수 있도록 정리한 표입니다. ㉮~㉰에 보기의 ①~⑥을 알맞게 넣어 표를 완성해 보세요.

문제 개수 3 개

맞은
개수   개

틀린
개수   개

화성성역의궤

화성 건축의 모든 과정을 기록한 책자

㉮	㉯	치밀한 기록
지금까지 여러 부의 인쇄 원본이 남아 있다.	일정, 예산, 비용 등 공사의 모든 과정을 기록	㉰

200년 전 모습 복원과 세계 문화유산 선정에 기여

❸
요약
하기

다음은 위 글의 중심 내용을 요약한 것입니다. ㉮~㉺에 보기의 ①~⑥을 알맞게 넣어 요약 글을 완성해 보세요.

문제 개수 5 개

맞은
개수   개

틀린
개수   개

　　조선 시대 만들어진 '화성성역의궤'는 ㉮ [   ] 이다. 첫 번째 특징은 ㉯ [   ] 되었다는 점이다. 그로 인해 지금까지 여러 부의 인쇄 원본이 남을 수 있었다. 두 번째 특징은 방대한 내용을 담고 있다는 점이다. 일정은 물론이고 예산 및 비용 등 공사에 관한 모든 과정이 기록되어 있다. 마지막으로 치밀한 기록을 그 특징으로 들 수 있다. 즉 ㉰ [   ] 되어 있다. '㉱ [   ]' 덕분에 1970년대 화성을 복원하면서 200년 전 모습을 그대로 되살릴 수 있었다. 만약, '화성성역의궤'가 없었다면 화성은 ㉲ [   ] 이 될 수 없었을 것이다.

④ 제목 달기

문제 개수 1 개

맞은 개수 ◯ 개

틀린 개수 ◯ 개

다음은 위 글에 가장 어울리는 제목을 지어 보는 과정입니다. 보기 에 주어진 단어를 이용해서 제목을 달아 보세요.

보기   뛰어난   우리의   화성성역의궤   기록 문화

총 문제 개수 10 개 | 총 맞은 개수 ◯ 개 | 총 틀린 개수 ◯ 개

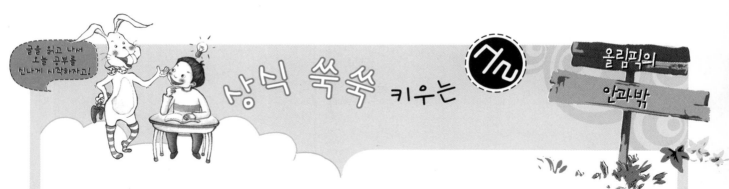

상식 쑥쑥 키우는

올림픽의 안과밖

글을 읽고 나서 오늘 공부를 신나게 시작하자고!

올림픽은 4년마다 전 세계 스포츠 선수들이 벌이는 한바탕 축제 마당이지요. 그런데 올림픽을 여는 나라나 도시 입장에서는 또 다른 뜻도 있어요. 각 나라들이 올림픽을 열면서 경기 외에 다른 효과들을 생각해요. 이를테면 올림픽 개최를 위한 경기장, 호텔 건설 등으로 사회 시설을 갖추게 돼요. 우리나라만 해도 잠실의 종합운동장이나 야구장, 잠실 선수촌 아파트 이런 것들이 올림픽을 하면서 비로소 세워졌어요.

또 정치적으로는 국가의 위상을 높이는 자리이기도 하지요. 사회적으로 국민들은 애국심이나 자부심을 갖고, 생활 개선 효과도 있어요. 1964년 동경 올림픽, 1988년 서울 올림픽, 2008 북경 올림픽에서도 이런 효과가 나타났어요.

그런 의미에서는 월드컵 개최도 마찬가지예요. 물론 경기는 축구에만 한정되지만 경제, 사회, 정치적 효과는 비슷해요.

공부를 시작할 때도 준비운동이 필요하다고! 하나둘 하나둘

머리 풀어주는 퍼즐

도전 시간	걸린 시간
00 분 30 초	분 초

 창의사고력 기초 다지기 판단능력 쑥~

 을 잘 읽고 빈칸에 들어갈 숫자를 써 보세요.

 규칙

- 가로, 세로 네 칸에는 1~4까지 숫자가 각각 하나씩만 들어갈 수 있습니다.
- 굵은 테두리의 작은 정사각형 안에도 1~4까지의 숫자가 각각 하나씩만 들어갈 수 있습니다.

4	2		3
3	1		4
1	3		
2		3	1

1			2
		3	
4		1	3
	1	2	4

● 오늘의 읽기 자료입니다. 잘 읽고 문제를 풀어 보세요.

사회자 : 오늘은 김부채 님을 모시고 우리나라 전통 부채의 종류에 대해 이야기를 나누어 보
　　　　도록 하겠습니다.
사회자 : 먼저, 부채가 순수한 우리말이라면서요?
김부채 : '부' 랑 '채' 가 합해진 말이야. '부' 는 손으로 부쳐서 바람을 일으
　　　　키다는 뜻이고, '채' 는 가는 대나무란 뜻이거든.
사회자 : 아! 손으로 바람을 일으키는 물건이란 뜻이군요. 전통 부
　　　　채에는 무엇이 있나요?

김부채 : 모양에 따라 방구부채랑 접부채가 있지.
사회자 : 방구부채라니 이름이 좀 특이하네요.
김부채 : 그냥 둥그렇게 생겨서 태극무늬가 들어간 부채 있지? 그게 태극선이란 방구부채야.
　　　　대나무로 살을 만들어 천을 붙였는데, 주로 집에서 여자들이 사용했어.
사회자 : 그럼, 판소리를 할 때 쫙 폈다가 접었다가 하는 부채는 뭔가요?
김부채 : 그건, 접부채 중에 하나인 합죽선이야. 접었다 폈다 하니 접부채라고 하는데, 쥐고
　　　　다니기 편해서 쥘부채라고도 해. 부채 살에 한지를 붙여서 그림이나 글씨를 넣는
　　　　데, 주로 양반들이 가지고 다녔지. 부채 바람은 시원한데, 찾는 사람이 사라져서 아
　　　　쉽다네.
사회자 : 시청자 여러분, 올해는 선풍기와 에어컨을 끄고 예쁜 방구부채를 부치며 더위를 이
　　　　겨 보는 건 어떨까요.

❶ 핵심어 찾기

다음 어휘들 중에 위 글에 나온 어휘가 있으면 빈칸에 동그라미 하세요. 동그라미 한 어휘
들이 위 글의 주제와 가장 관련이 높은 핵심어입니다.

문제 개수 6 개

맞은
개수 　 개

틀린
개수 　 개

단청장	태극선	접부채	방구부채	단오	합죽선

♥ 다음 보기 를 이용해서 ❷~❸번 문제를 풀어 보세요.

① 접부채 ② 모양이 둥글다

③ 합죽선 ④ 손으로 흔들어 바람을 일으키는 물건

⑤ 주로 양반들이 ⑥ 방구부채

⑦ 태극무늬를 한 태극선

⑧ 대나무로 부채 살을 만들고 그 위에 한지 또는 천을 붙여서 만든다

❷ 글의 짜임 그리기

문제 개수 4 개

맞은 개수 ⬜ 개

틀린 개수 ⬜ 개

다음은 위 글의 내용을 한눈에 볼 수 있도록 정리한 표입니다. ㉮~㉱에 보기 의 ①~⑧을 알맞게 넣어 표를 완성해 보세요.

	㉮	㉯
재료	대나무와 천 또는 종이	대나무와 한지
특징	㉰	접었다 폈다 할 수 있다.
별칭	둥근 부채	쥘부채
대표적인 부채	태극선	㉱
사용하는 이	여자들	양반들

❸ 요약 하기

문제 개수 6 개

맞은 개수 ⬜ 개

틀린 개수 ⬜ 개

다음은 위 글의 중심 내용을 요약한 것입니다. ㉮~㉺에 보기 의 ①~⑧을 알맞게 넣어 요약 글을 완성해 보세요.

부채는 ㉮⬜ 이란 뜻의 순 우리말로, 손으로 부쳐서 바람을 일으킨다는 '부'와 가는 대나무라는 '채'가 합해졌다. 그 종류로는 ㉯⬜ 와 ㉰⬜ 가 있다. 두 가지 모두 ㉱⬜ . 방구부채는 둥글게 생겨서 둥근 부채라고도 하는데, ㉲⬜ 이 있다. 주로 집에서 여자들이 사용한다. 접부채는 접었다 폈다 할 수 있어서 붙여진 이름으로, 쥘부채라고도 한다. 합죽선이 그 대표적인 부채로 ㉳⬜ 사용한다.

④ 제목 달기

다음은 위 글의 제목 후보입니다. 먼저, 위 글의 제목으로 가장 알맞은 것을 골라 빈칸에 ○를 하세요. 그런 다음, 주어진 조건에 맞게 ×, △, □를 표시하세요. (단, ○는 딱 한 개만 고르세요.)

문제 개수 **4** 개

맞은 개수 〔   〕 개

틀린 개수 〔   〕 개

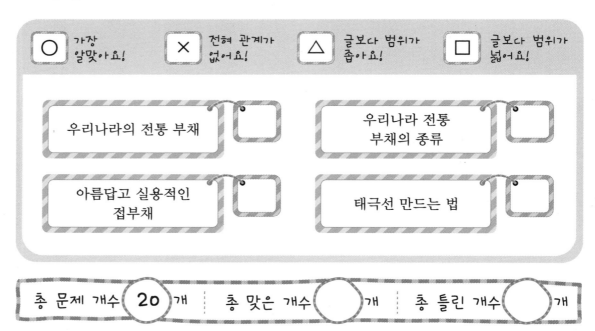

○ 가장 알맞아요!   × 전혀 관계가 없어요!   △ 글보다 범위가 좁아요!   □ 글보다 범위가 넓어요!

우리나라의 전통 부채 〔 〕

우리나라 전통 부채의 종류 〔 〕

아름답고 실용적인 접부채 〔 〕

태극선 만드는 법 〔 〕

총 문제 개수 **20** 개   총 맞은 개수 ◯ 개   총 틀린 개수 ◯ 개

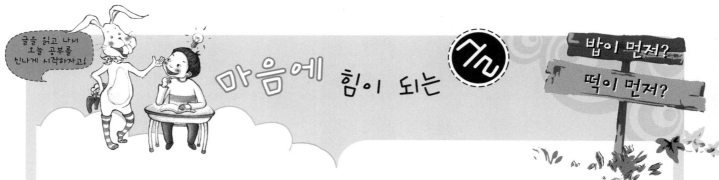

글을 읽고 나서 오늘 공부를 신나게 시작하자고!

마음에 힘이 되는 글

밥이 먼저?
떡이 먼저?

백일에 백일떡, 돌에 돌떡, 설날 가래떡, 추석 송편, 단옷날 수리취떡. 정말로 우리는 떡을 즐겨 먹는 민족이랍니다. 무슨 날이면 늘 떡이 빠지지 않았으니까요. 그렇다면 떡을 먼저 먹기 시작했을까요, 밥을 먼저 먹기 시작했을까요? 바로 떡이랍니다.

밥을 지으려면 물과 곡식을 넣고 끓일 솥이 있어야 한답니다. 이때, 솥은 무쇠솥이어야 한답니다. 왜냐하면, 밥을 지을 때 흙물이 배어 나오지 않는 솥이어야 하니까요. 무쇠솥이 등장한 것은 삼국 시대 후기부터랍니다. 그 전에는 지금의 시루떡과 비슷한 음식을 먹었답니다. 곡식을 가루로 빻은 후, 물과 함께 흙으로 만든 시루에 넣고 쪄 먹었던 것이지요. 이제야 우리 민족이 떡을 좋아한 이유를 알겠지요? 올 생일에는 케이크 대신 고슬고슬한 떡을 준비해 보세요. 그 맛이 색다를 거예요. 우리 전통을 즐길 수 있는 것이 나중에 커다란 힘이 된답니다.

19회

머리 풀어주는 퍼즐

도전 시간	걸린 시간
00 분 20 초	분 초

창의사고력 기초 다지기) 정보처리능력 쑥~

가부터 바까지 일정한 규칙에 따라 원이 움직인다고 할 때 바 원 안의 별은 어느 곳에 위치해야 할까요?

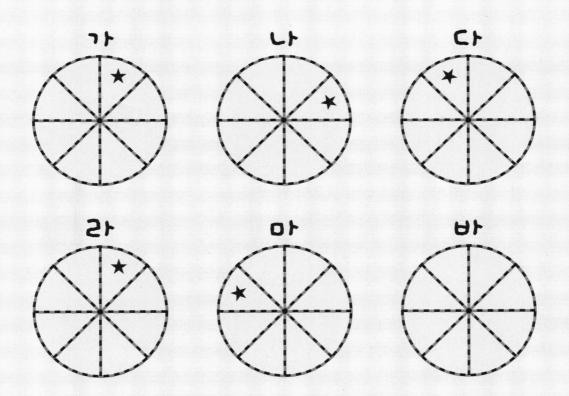

빠르고 정확하게 읽기

도전시간

| 7 분 | 00 초 |

걸린시간

| 분 | 초 |

● 오늘의 읽기 자료입니다. 잘 읽고 문제를 풀어 보세요.

안녕? 민지야! 나 승주야.

난 지금 호주에 있어. 오늘은 선거일이었는데 깜짝 놀랐어. 호주에서는 투표를 하지 않으려면 20~50 호주 달러의 벌금을 내야 한다는 거야. 의무 투표제가 법으로 정해졌기 때문이래. 의무 투표제는 투표를 하지 않는 사람에게 벌칙을 주는 제도로, 호주 말고도 벨기에, 싱가포르, 브라질 등 20여개 나라에서 실시하고 있어. 투표율을 높이려고 말이야.

2003년 벨기에의 총선 투표율은 91%가 넘었는데, 벨기에는 투표에 참여하지 않으면 처음에 10유로를, 두 번째에는 두 배의 벌금을 내야만 한대. 그리고 15년 동안 투표에 4번 불참하면 선거인 명부에서 10년 동안 이름이 빠져 버리고, 그동안 공직에 임명되거나 승진을 할 수도, 훈장도 받을 수 없다나. 너무 엄한 것 같지? 그런데 국민들 대부분은 당연하며 좋은 제도라고 생각한대. 벨기에는 다양한 언어와 여러 정당이 있어 분열되기 쉬운데, 선거를 통해 하나로 뭉치게 해 주기 때문이라나. 우리나라의 경우 투표율이 낮아지고 있다며 어른들이 걱정하잖아. 지난번 국회의원 선거 때에 투표율이 46%에 불과했다며? 투표를 해야 하는 사람 10명 중 약 6명이 투표를 하지 않았다는 거잖아. 하긴, 우리 삼촌이랑 이모도 투표하지 않고 놀러 갔으니까. 우리나라도 의무 투표제를 실시하면, 투표율이 확 올라갈까? 우리는 어른이 되어 투표권이 생기면, 꼭 투표를 하자. 벌금을 내든 말든 말이야. 그럼, 한국에 돌아가서 만나자.

2009년 겨울, 시드니에서 승주가.

① 핵심어 찾기

다음 문장의 빈칸에 알맞은 낱말을 적어 보세요. 빈칸의 낱말이 위 글에서 가장 중요한 핵심어입니다.

문제 개수 1개

맞은 개수 ⬜ 개

틀린 개수 ⬜ 개

⬜⬜⬜⬜ 란 투표를 하지 않은 사람에게 벌칙을 주어 강제적으로 투표를 하도록 만드는 제도를 말합니다.

♥ 다음 보기 를 이용해서 ❷~❸번 문제를 풀어 보세요.

보기
① 투표율을 높이기 위해서

② 2003년 총선 투표율이 91%가 넘었다

③ 호주, 벨기에, 싱가포르, 브라질 등 20여개 나라

④ 당연하며 좋은 제도

⑤ 다양한 언어와 여러 정당으로 분열되기 쉬운 벨기에를 선거를 통해 하나로 뭉치게 해 준다고 생각하기 때문이다

⑥ 투표를 하지 않는 사람에게 벌칙을 주어 강제적으로 투표를 하게 만드는 제도

❷
글의 짜임
그리기

문제 개수 4 개

맞은
개수   개

틀린
개수   개

다음은 위 글의 내용을 한눈에 볼 수 있도록 정리한 표입니다. 가~라에 보기 의 ①~⑥을 알맞게 넣어 표를 완성해 보세요.

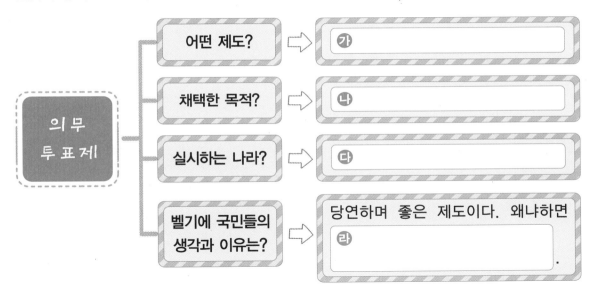

의무
투표제

어떤 제도? ⇨ 가

채택한 목적? ⇨ 나

실시하는 나라? ⇨ 다

벨기에 국민들의 생각과 이유는? ⇨ 당연하며 좋은 제도이다. 왜냐하면 라   .

❸
요약
하기

문제 개수 6 개

맞은
개수   개

틀린
개수   개

다음은 위 글의 중심 내용을 요약한 것입니다. 가~바에 보기 의 ①~⑥을 알맞게 넣어 요약 글을 완성해 보세요.

의무 투표제는 가   로, 그 목적은 나   이다. 현재, 다   가 채택을 하고 있다. 특히, 벨기에의 경우 지난 라   . 이는 의무 투표제의 영향이 크다고 볼 수 있다. 국민들은 이 제도를 마   라고 여긴다. 왜냐하면 바   .

87

다음은 위 글의 제목 후보입니다. 먼저, 위 글의 제목으로 가장 알맞은 것을 골라 빈칸에 ○를 하세요. 그런 다음, 주어진 조건에 맞게 ×, △, □를 표시하세요. (단, ○는 딱 한 개만 고르세요.)

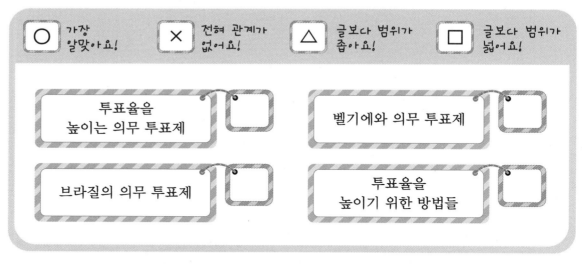

○ 가장 알맞아요!   × 전혀 관계가 없어요!   △ 글보다 범위가 좁아요!   □ 글보다 범위가 넓어요!

투표율을 높이는 의무 투표제

벨기에와 의무 투표제

브라질의 의무 투표제

투표율을 높이기 위한 방법들

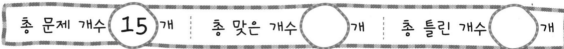

총 문제 개수 15 개 | 총 맞은 개수 ◯ 개 | 총 틀린 개수 ◯ 개

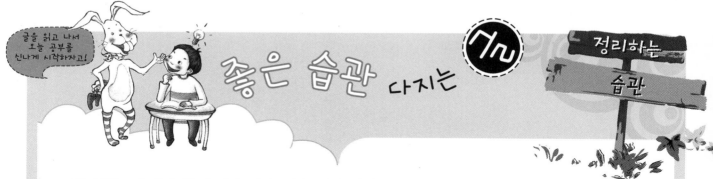

글을 읽고 나서 오늘 공부를 신나게 시작하자고!

좋은 습관 다지는 7교시

정리하는 습관

정리하는 습관이 들면 가장 좋은 점은 시간 절약이에요. 하지만 온 방이 어지러운데 어디서부터 치워야 할지 엄두가 안 나지요. 치우는 것도 습관이라서 습관이 몸에 배려면 시간이 필요해요. 너무 급하게 마음먹지 말고 한 가지씩 차례로 해 봐요.

1. 처음에는 쉬운 것 한 가지만 정리해요. 예를 들면 이번 주에는 옷 정리만 해요. 이것이 몸에 익었다 싶으면 다음 단계로 넘어가요.

2. 옷 정리에다 책 정리까지 추가해요. 옷 정리가 몸에 익었기 때문에 책 정리를 익히는 것도 그리 어렵지 않아요. 책은 학교 책, 읽는 책, 학원 책으로 분류해서 정리해요.

3. 이번엔 책상 정리에 들어가요. 책상에는 공부에 필요한 것만 두어요. 스탠드, 영어 공부에 필요한 카세트, 사전 정도만 두고 나머지는 서랍에 정리해요. 어때요, 방이 완전히 달라졌나요?

20 회

머리 풀어주는 퍼즐

공부를 시작할 때도
준비운동이 필요하다고!
하나둘 하나둘

도전 시간	걸린 시간
00 분 20 초	분 초

창의사고력 기초 다지기   계산능력 쑥~

다음 ○ 안에 1부터 9까지의 수를 한 번씩만 넣어 일직선에 있는 세 수 의 합이 15가 되게 만들어 보세요.

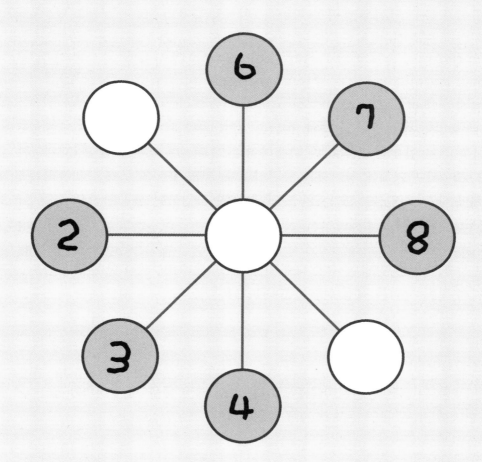

도전시간
7 분 20 초

걸린시간
분 초

오늘의 읽기 자료입니다. 잘 읽고 문제를 풀어 보세요.

시민 참여란 공공의 일을 결정하는 데 시민들이 참여하는 것을 말합니다. 시민들은 정부나 지방 자치 단체 등의 공공 기관이 맡은 일에 대해 의견을 말하고 그 결정 과정에 참여하기도 하며, 일의 진행 상황을 감시하고 그 결과를 평가하기도 합니다.

투표함

시민 참여가 중요한 이유는 공공 기관이 하는 일은 우리 모두에게 커다란 영향을 미치기 때문입니다. 아무도 정부와 지방 자치 단체가 하는 일에 관심을 갖지 않는다면, 사회 구성원들의 이익과는 관계없이 제멋대로 정책을 실행할 수도 있답니다.

시민 참여의 방법으로는 우선, 공공 기관에 의견을 직접 전달하는 방법이 있습니다. 예를 들면, 인터넷을 통해 구청이나 동에 의견을 직접 전달할 수도 있고, 공청회에서 여러 가지 의견을 나눌 수도 있으며, 신문이나 텔레비전 등의 여론을 통해 전달할 수도 있습니다.

다음으로는 시민 단체에 참여하는 방법입니다. 지역 공동의 문제를 의논하는 지역 단체나 환경 문제에 대한 의견을 모으는 환경 단체 등에 가입하여 활동하면서 집단적으로 의견을 전달할 수도 있습니다.

마지막으로 투표로 시민 참여를 할 수도 있습니다. 투표는 자기 의사를 전달할 수 있는 가장 쉬우면서 적극적인 방법입니다. 대통령, 국회의원, 지방 자치 단체장을 뽑는 선거에서 시민들을 위해 일할 사람을 직접 선택할 수 있습니다.

❶ 핵심어 찾기

다음은 위 글과 관련된 어휘들입니다. 가장 넓은 뜻을 지닌 어휘를 찾아 ✔ 해 보세요. 표시한 어휘가 위 글의 주제와 가장 관련이 깊은 핵심어입니다.

문제 개수 1 개

맞은 개수 ◯ 개
틀린 개수 ◯ 개

☐ 투표   ☐ 시민 단체 참여   ☐ 시민 참여   ☐ 공공 기관에 의사 전달

♥ 다음 보기를 이용해서 ❷~❸번 문제를 풀어 보세요.

보기
① 공공 기관에 직접 의견을 전달하기   ② 시민 단체에 참여하기
③ 공공의 일을 결정하는 데 시민들이 참여하는 것
④ 대통령 · 국회의원 · 지방 자치 단체 선거에 참여하는
⑤ 우리 모두에게 커다란 영향을 미치기
⑥ 투표하기   ⑦ 시민 참여

❷
글의 짜임
그리기

다음은 위 글의 내용을 한눈에 볼 수 있도록 정리한 표입니다. ㉮~㉺에 보기의 ①~⑦을 알맞게 넣어 표를 완성해 보세요.

문제 개수 5개

맞은 개수 ⬭ 개
틀린 개수 ⬭ 개

시민 참여		
뜻	㉮	
중요성	공공 기관이 하는 일은 ㉯ 때문에	
방법	㉰	인터넷, 공청회, 신문이나 텔레비전 등의 여론을 통해 의견을 전달하기
	㉱	지역 단체나 환경 단체 등에 가입하기
	㉲	대통령, 국회의원, 지방 자치 단제장 선거하기

❸
요약
하기

다음은 위 글의 중심 내용을 요약한 것입니다. ㉮~㉰에 보기의 ①~⑦을 알맞게 넣어 요약 글을 완성해 보세요.

문제 개수 3개

맞은 개수 ⬭ 개
틀린 개수 ⬭ 개

㉮ 란 공공의 일을 결정하는 데 시민들이 참여하는 것을 말한다. 공공 기관이 하는 일은 ㉯ 때문에 시민 참여는 중요하다. 시민 참여의 방법으로는 인터넷 · 공청회 · 여론 등을 이용한 공공 기관에 직접 의견을 전달하기, 시민 단체에 참여하기, ㉰ 투표하기 등이 있다.

**❹ 제목
달기**

다음은 위 글에 가장 어울리는 제목을 찾는 과정입니다. 서로 관계 있는 것끼리 줄로 이으
세요.

문제 개수 ③ 개

맞은 ⬚ 개
개수

틀린 ⬚ 개
개수

살기 좋은 세상을 위한 시민 참여★   ★이 글의 제목으로 딱 좋아!

님비 문제의 해결책, 시민 참여★   ★범위가 너무 좁아!

적극적인 시민 참여, 투표★   ★이 글과 상관없는 제목이야!

총 문제 개수 ⑫ 개 ┊ 총 맞은 개수 ◯ 개 ┊ 총 틀린 개수 ◯ 개

상식 쑥쑥 키우는

순 우리말
알아보기

글을 읽고 나서
오늘 공부를
신나게 시작하자고!

우리말 가운데 유래가 재미있는 말이 있어요. 그런 말 두 가지를 소개해 볼게요.

1. 꿀 먹은 벙어리 : 옛날 한 벙어리가 꿀을 너무 많이 먹어 배탈이 났어요. 아내가 왜 그러
냐고 묻자 손으로 꿀단지만 가리켰어요. 그래 아내는 꿀이 먹고 싶다는 줄 알고 꿀물을 탔대
요. 그 귀한 꿀을 많이 먹고 배탈이 났으니 솔직히 말도 못 하는데 꿀을 더 먹으라니 벙어리
는 얼마나 애가 탔겠어요. 이리하여 '꿀 먹은 벙어리'라는 말이 생겨났대요.

2. 뚱딴지 : '뚱딴지'는 돼지감자의 다른 말이에요. 울퉁불퉁한 돼지감자 생김새에 빗대어
무뚝뚝하고 우둔한 사람을 가리켜 뚱딴지 같다고 했어요. 지금은 이치에 맞지 않게 엉뚱한
행동을 하는 사람을 가리키는 말로 변했답니다.

머리 풀어주는 퍼즐

공부를 시작할 때도
준비운동이 필요하다고!
하나둘 하나둘

도전 시간	걸린 시간
00 분 20 초	분 초

창의사고력 기초 다지기 주의집중력 쑥~

다음 도형들의 대각선 개수를 각각 구하여 모두 더한 값을 알아보세요.

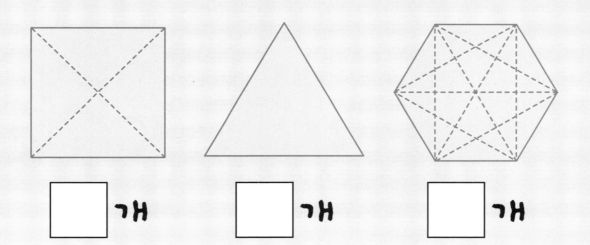

개   개   개

빠르고 **정확**하게  **읽기**

속독 정독

도전시간

7 분	20 초

걸린시간

분	초

● 오늘의 읽기 자료입니다. 잘 읽고 문제를 풀어 보세요.

지난 19일, 경기 고양시 안곡 초등학교 솟대 마당에서는 떡 잔치가 벌어졌다. 인근에 있는 고봉산 습지 보전의 확정을 축하하는 축제였다. 시민들은 서로 떡을 나누어 먹으며 지난 7년간의 고생을 잊었다. 1999년 주택공사에서 아파트를 짓기 위해 습지를 매립하면서 고양시 시민들의 싸움은 시작되었다. 시민들은 땅에서 맨몸으로 누워 굴삭기를 막아 내고, 촛불을 들어 습지를 지켜 냈다. 결국, 고봉산 습지 1만 3천 평 중 4천 평은 고양시가 사들이고 나머지 9천 평은 주택공사에서 공원으로 지정해 원형 그대로 보전하기로 하였다.

용인의 대지산도 시민들이 지켜 낸 산이다. 1998년 죽전 택지개발 지구에 대지산이 포함되어 개발이 시작되었다. 그러자 이를 막기 위한 시민운동이 시작되었다. 토지 주인들이 스스로 그린벨트 지정을 요구하였고, 시민들이 땅 한 평 사기 운동을 벌여 100평의 땅을 사들이기도 했고, 환경 단체 회원들은 17일 동안 나무 위에서 시위를 하기도 했다. 결국, 2001년 용인의 대지산도 시민들의 노력으로 개발을 막아 낼 수 있었다.

성미산도 마포 주민들의 노력으로 지켜 낸 산이다. 2001년 서울시가 성미산에 배수지를 건설한다고 발표하자, 주민들이 나서기 시작했다. 주민들은 공사를 막기 위해 100일 동안 천막 안에서 산을 지켰다. 밤에는 남자가 낮에는 여자와 아이들이 천막에서 생활을 했다. 2003년 서울시는 주민들의 의견을 받아들여 성미산의 배수지 건설 공사를 포기한다고 밝혔다.

①
핵심어 찾기

다음 어휘 중에 위 글에 나온 어휘가 있으면 빈칸에 동그라미 하세요. 동그라미 한 어휘들이 위 글의 주제와 가장 관련이 깊은 핵심어입니다.

문제 개수 6 개

맞은 개수 ◌ 개

틀린 개수 ◌ 개

시민운동	골프장	습지 보전	고봉산	계양산	성미산

♥ 다음 보기 를 이용해서 ❷~❸번 문제를 풀어 보세요.

보기
① 마포의 성미산
② 습지 매립
③ 고양의 고봉산
④ 용인의 대지산
⑤ 대지산도 개발을 포기하였으며
⑥ 시민들은 땅 한 평 사기 운동을 벌여 나갔다

❷ 글의 짜임 그리기

다음은 위 글의 내용을 한눈에 볼 수 있도록 정리한 표입니다. 가~다에 보기 의 ①~⑥을 알맞게 넣어 표를 완성해 보세요.

문제 개수 3 개

맞은 개수 ⃝ 개

틀린 개수 ⃝ 개

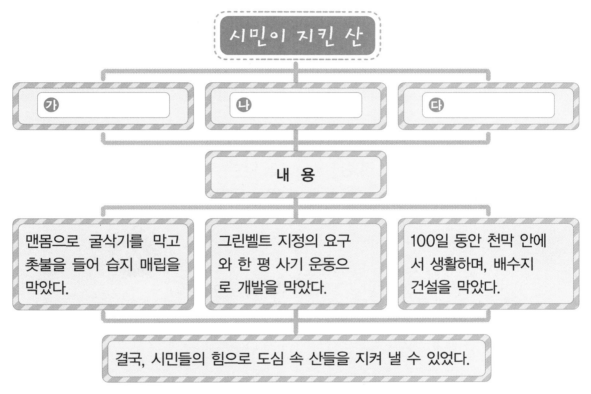

시민이 지킨 산

| 가 | 나 | 다 |

내 용

| 맴몸으로 굴삭기를 막고 촛불을 들어 습지 매립을 막았다. | 그린벨트 지정의 요구와 한 평 사기 운동으로 개발을 막았다. | 100일 동안 천막 안에서 생활하며, 배수지 건설을 막았다. |

결국, 시민들의 힘으로 도심 속 산들을 지켜 낼 수 있었다.

❸ 요약하기

다음은 위 글의 중심 내용을 요약한 것입니다. 가~다에 보기 의 ①~⑥을 알맞게 넣어 요약 글을 완성해 보세요.

문제 개수 3 개

맞은 개수 ⃝ 개

틀린 개수 ⃝ 개

　　고봉산, 대지산, 성미산은 시민들이 지켜 낸 소중한 산이다. 고봉산의 　가　 을 막기 위해 시민들은 맴몸으로 굴삭기를 막고, 촛불을 들어 공사를 막았다. 대지산 인근의 주민들도 개발을 막기 위해 나섰다. 땅 주인들은 그린벨트 지정을 요구하고, 　나　. 성미산 주민들도 배수지 건설을 막기 위해 100일 동안 천막에서 생활을 하였다. 결국, 당국에서는 고봉산의 습지 보전을 확정하였고, 　다　, 성미산 역시 배수지 건설을 중단하였다.

④ 제목
달기

문제 개수 4 개

맞은
개수 ◌ 개

틀린
개수 ◌ 개

다음은 위 글의 제목 후보입니다. 먼저, 위 글의 제목으로 가장 알맞은 것을 골라 빈칸에 ○를 하세요. 그런 다음, 주어진 조건에 맞게 ×, △, □를 표시하세요. (단, ○는 딱 한 개만

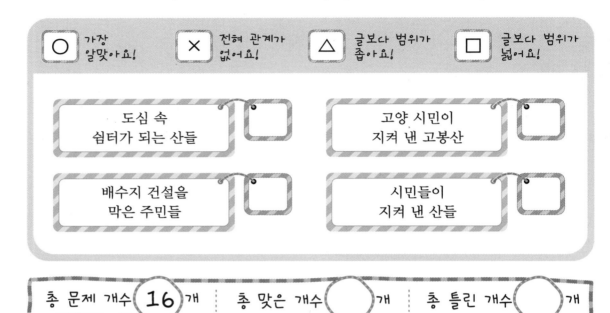

| ○ 가장 알맞아요! | × 전혀 관계가 없어요! | △ 글보다 범위가 좁아요! | □ 글보다 범위가 넓어요! |

도심 속
쉼터가 되는 산들

고양 시민이
지켜 낸 고봉산

배수지 건설을
막은 주민들

시민들이
지켜 낸 산들

총 문제 개수 16 개 | 총 맞은 개수 ◯ 개 | 총 틀린 개수 ◯ 개

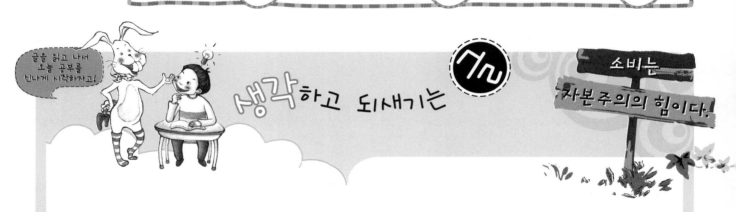

글을 읽고 나서
오늘 공부를
신나게 시작하자고!

생각하고 되새기는 72

소비는
자본주의의 힘이다.

　소비는 자본주의의 꽃이라고 합니다. 늘 절약하고 저축하고 과소비하지 말라고 배운 우리는 이 말을 이해하기 힘듭니다. 그러나 잠깐 생각해 보세요. 물건을 사야 가게 주인이 돈 벌고 도매상이 돈 벌고, 공장도 돈 벌게 된답니다. 물건을 사지 않으면 이 모든 것이 다 막혀 버립니다.

　그런데 경기가 안 좋아지면 사람들은 가진 돈도 적어지고 또 앞날을 대비해야겠다는 생각에 소비를 하지 않습니다. 그리고 돈을 은행에 묻어둡니다. 그러면 경기가 더욱 나빠지는 악순환이 벌어진답니다. 실제로 일본에서는 극심한 불황 때 소비를 촉진하기 위해 정부가 국민들에게 돈을 나누어 주기도 했답니다.

　적당한 소비는 국가와 사회를 부드럽게 만드는 윤활유와 같은 역할을 합니다. 자신의 분수에 맞는 소비라면 소비도 미덕이 된답니다.

머리 풀어주는

도전 시간	걸린 시간
00 분 20 초	분 초

창의사고력 기초 다지기 연상추리력 쏙~

그림과 같은 규칙으로 공을 5층까지 쌓았습니다. 이때 쌓은 공은 모두 몇 개일까요?

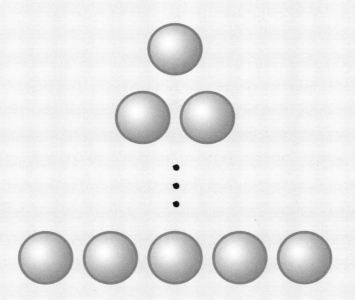

● 오늘의 읽기 자료입니다. 잘 읽고 문제를 풀어 보세요.

　　우리나라 여인들도 옛날부터 몸을 꾸미는 화장을 즐겨 했는데, 머리 장식, 몸치장, 얼굴 화장으로 나눌 수 있습니다. 머리 장식을 할 때에는 비녀, 첩지, 뒤꽂이, 떨잠, 가체 등을 이용해 단정하면서도 아름답게 꾸몄습니다. 모든 여성들은 긴 머리를 틀어 올려서 비녀로 고정을 시켰으며 첩지를 함께 꽂기도 했지요. 머리 위 가르마에도 뒤꽂이를 꽂아 꾸몄습니다. 왕실과 같은 상류층 여인들은 떨잠이라는 장식물을 꽂았는데 머리 앞부분에 꽂았답니다. 그 밖에도 머리 위에 얹는 가발인 가체, 땋은 머리에 묶는 댕기가 있었습니다.

　　몸치장을 하는 장신구로는 가락지, 노리개, 장도 등이 있었습니다. 가락지는 손가락에 끼는 장신구로 한 개이면 반지, 한 쌍이면 가락지라고 했습니다. 노리개는 저고리 고름과 치마 허리에 매다는 장신구인데, 작은 휴대용 칼인 장도로 노리개를 만들기도 했답니다.

　　화장품의 종류는 그리 많지 않았습니다. 분, 머릿기름, 연지, 먹 등이었지요. 얼굴에 바르는 분은 쌀이나 분꽃 씨로, 머리에 바르는 머릿기름은 동백기름으로, 입술에 바르는 연지는 홍화나 붉은색 돌가루로, 눈썹을 그리는 먹은 검은 먹으로 만들었습니다.

　　그렇다면, 여러 장신구로 몸치장을 끝낸 옛 여인의 모습은 과연 어떠했을까요? 기록에 의하면 '화려하지만 사치스럽지 않고 검소하지만 누추하지 않은' 모습이었답니다. 우리도 옛 여인들처럼 오늘날에 맞는 소박한 아름다움을 만들어 보면 어떨까요.

❶ 핵심어 찾기

다음은 위 글과 관련된 어휘들입니다. 가장 넓은 뜻을 지닌 어휘를 찾아 ✔ 해 보세요. 표시한 어휘가 위 글의 주제와 가장 관련이 깊은 핵심어입니다.

문제 개수 1 개

맞은 개수 ◯ 개

틀린 개수 ◯ 개

☐ 연지　　☐ 머리 장식　　☐ 몸치장　　☐ 화장

♥ 다음 보기 를 이용해서 ❷~❸번 문제를 풀어 보세요.

보기
① 가락지, 노리개, 장도   ② 몸치장
③ 분, 머릿기름, 연지, 먹   ④ 머리 장식
⑤ 비녀, 첩지, 뒤꽂이, 떨잠, 가체를 머리에 꽂거나
⑥ 화려하지만 사치스럽지 않고 검소하지만 누추하지 않은

❷ 글의 짜임
그리기

다음은 위 글의 내용을 한눈에 볼 수 있도록 정리한 표입니다. ㉮~㉲에 보기 의 ①~⑥을 알맞게 넣어 표를 완성해 보세요.

문제 개수 5 개

맞은 개수   개
틀린 개수   개

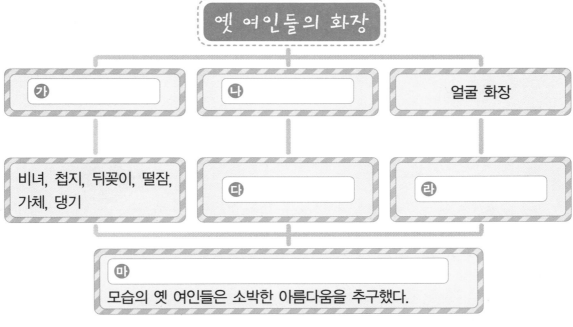

옛 여인들의 화장

| ㉮ | ㉯ | 얼굴 화장 |

| 비녀, 첩지, 뒤꽂이, 떨잠, 가체, 댕기 | ㉰ | ㉱ |

㉲
모습의 옛 여인들은 소박한 아름다움을 추구했다.

❸ 요약
하기

다음은 위 글의 중심 내용을 요약한 것입니다. ㉮~㉰에 보기 의 ①~⑥을 알맞게 넣어 요약 글을 완성해 보세요.

문제 개수 3 개

맞은 개수   개
틀린 개수   개

옛 여인들도 머리 장식, 몸치장, 얼굴 화장 등으로 몸을 아름답게 꾸몄다. 머리 장식을 할 때에는 ㉮   댕기로 머리를 묶었는데 머리를 단정하게 다듬었다. 몸치장을 할 때에는 손에는 가락지를, 저고리 고름과 치마허리에는 노리개와 장도를 매달았다. 얼굴을 꾸미는 화장품의 종류는 그리 많지 않았다. 식물과 곡물로 ㉯   을 만들어 화장을 했다. ㉰   모습의 옛 여인들은 소박한 아름다움을 추구했다.

④ 제목 달기

다음은 위 글에 가장 어울리는 제목을 지어 보는 과정입니다. 보기에 주어진 단어를 이용해서 제목을 달아 보세요.

문제 개수 1 개

맞은 개수 ◯ 개

틀린 개수 ◯ 개

| 보기 | 여인들의 | 옛 | 화장 | 우리나라 |

총 문제 개수 **10** 개 ┆ 총 맞은 개수 ◯ 개 ┆ 총 틀린 개수 ◯ 개

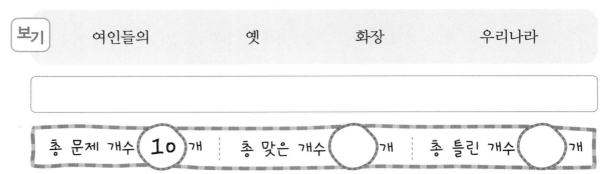

개인 사업이 망하고, 커다란 회사가 부도가 나듯이 나라도 망할 수 있어요. 마치 개인이 카드 빚으로 꼼짝하지 못하듯이 나라가 빚으로 옴짝달싹 못할 수도 있어요. 남미 여러 나라들이 그 사례랍니다.

남미 여러 나라들은 우리들이 알고 있는 것과는 달리 예전에 상당히 부유한 국가들이었답니다. 아르헨티나는 1913년에 지하철이 생겼고 남미 최대 부국으로 유럽 나라들과 어깨를 나란히 했을 정도예요. 그런데 1970년대 남미는 정치, 경제적으로 불안한 시절을 보냈어요. 브라질은 80년대 무리한 외채 상환과 90년대 IMF 구조 조정을 겪으며 기업들이 줄줄이 도산했어요. 한때는 정부 재정의 65%가 외채 상환금으로 쓰이기도 했답니다. 남미의 다른 나라 페루, 볼리비아, 칠레도 형편은 크게 다르지 않다고 해요.

나라가 망하지 않는 방법은 한 가지예요. 나라에서 살아가는 여러 주체들이 자기가 맡은 일을 잘 해내면 된답니다.

머리 풀어주는

도전 시간	걸린 시간
00 분 30 초	분 초

창의사고력 기초 다지기 판단능력 쏙~

다음 미로에서는 3으로 나누어 떨어지는 칸으로만 움직일 수 있습니다. 출발에서 도착까지 조건에 맞게 이동해 보세요. 단, 대각선으로는 이동할 수 없습니다.

도착	3	32	28	16	11
14	15	96	41	55	34
3	10	24	60	21	65
38	22	17	25	72	45
44	50	18	6	13	39
31	21	19	8	74	출발

● 오늘의 읽기 자료입니다. 잘 읽고 문제를 풀어 보세요.

"거울아, 거울아, 누가 제일 예쁘니?"

요술 거울이 지금도 있다면 '백설공주'라고 말하진 않았을 거예요. 왜냐하면, 미인에 대한 기준은 시대에 따라 달라지기 때문이랍니다.

원시 시대의 경우, 그 당시 만들어진 토우 인형을 보면 뚱뚱해야 미인 대접을 받았답니다. 뚱뚱한 여자가 아이도 많이 낳고 굶주림도 잘 견딜 수 있을 거라 생각했으니까요. 그리스 시대의 미인은 조금 통통해야 했답니다. 너무 마르거나 뚱뚱하지 않고 적당히 살이 있는 통통한 여인이 건강하다고 생각했는데, 이 시대에 만들어진 조각상들을 보면 알 수 있답니다.

우리나라의 옛 미인의 기준은 무엇이었을까요? 고구려 시대에는 넉넉한 얼굴을 지녀야 미인으로 인정받았습니다. 고구려 벽화에는 지위가 높은 여성들은 넉넉하고 남성스러운 얼굴로, 시녀들은 갸름하고 작은 얼굴로 그려져 있답니다.

조선 시대 미인의 얼굴은 이전 시대에 비해 작아졌습니다. 신윤복의 '미인도'를 보면, 눈은 쌍꺼풀이 없이 가늘고, 코는 길고 좁고, 입은 아주 작아 앵두 같답니다. 현대로 넘어오면서 미인의 기준이 확 바뀌기 시작합니다. 눈이 크고 쌍꺼풀이 있어야 하고, 눈썹은 짙어야 합니다. 앵두처럼 작던 입도 조금 커져서 뚜렷하고 시원스런 입매를 지닌 여자가 미인으로 여겨지게 되었습니다.

하지만, 어느 시대이든 가장 중요한 미인의 기준은 겉모습이 아닌 속마음입니다. 자신의 삶을 당당하게 살아가는 속이 알찬 여자야말로 가장 아름다운 미인이랍니다.

❶ 핵심어 찾기

다음 어휘들 중에 위 글에 나온 어휘가 있으면 빈칸에 동그라미 하세요. 동그라미 한 어휘들이 위 글의 주제와 가장 관련이 높은 핵심어입니다.

문제 개수 7 개

맞은 개수 ◯ 개

틀린 개수 ◯ 개

뚱뚱한 여인	미인의 기준	그리스 시대	고려 시대	앵두 같은 입술	쌍꺼풀 없는 눈	창백한 얼굴

♥ 다음 보기 를 이용해서 ❷~❸번 문제를 풀어 보세요.

보기
① 뚱뚱한 여인　　　　　　　　　② 조선 시대
③ 그리스 시대　　　　　　　　　④ 통통한 여인
⑤ 쌍꺼풀 있는 큰 눈, 짙은 눈썹, 시원하고 뚜렷한 입매
⑥ 넉넉하고 남성적인 얼굴　　　　⑦ 시대에 따라 변화합니다
⑧ 자신의 삶을 당당하게 살아가는 여자

❷ 글의 짜임
그리기

문제 개수 6 개

맞은 개수 　 개

틀린 개수 　 개

다음은 위 글의 내용을 한눈에 볼 수 있도록 정리한 표입니다. ㉮~㉺에 보기 의 ①~⑧을 알맞게 넣어 표를 완성해 보세요.

서양		우리나라	
원시 시대	뚱뚱한 여인 : 뚱뚱해야 아이를 많이 낳고 굶주림도 잘 견딘다고 생각함	고구려 시대	㉮
		㉯	쌍꺼풀 없는 가는 눈, 길고 좁은 코, 앵두 같은 작은 입술
㉰	㉱ ：통통해야 건강하다고 여김	현대	㉲
진정한 미인	㉳		

❸ 요약 하기

문제 개수 5 개

맞은 개수 　 개

틀린 개수 　 개

다음은 위 글의 중심 내용을 요약한 것입니다. ㉮~㉺에 보기 의 ①~⑧을 알맞게 넣어 요약 글을 완성해 보세요.

　　미인의 기준은 ㉮ 　　. 원시 시대에는 아이를 많이 낳고 굶주림을 잘 견디는 ㉯ 　　이 미인이었습니다. 그리스 시대에는 통통한 여인이 미인 대접을 받았습니다. 우리나라의 미의 기준은 서양과 조금 달랐습니다. 고구려 시대에는 ㉰ 　　이 미인이었습니다. 조선 시대의 미인은 쌍꺼풀이 없는 가는 눈, 길고 좁은 코, 앵두 같은 작은 입술을 지녀야 했지요. 현대에는 ㉱ 　　를 지닌 여자가 미인이랍니다. 하지만, 미인의 기준에서 가장 중요한 것은 겉모습이 아니라 속마음입니다. ㉲ 　　입니다.

④ 제목 달기

문제 개수 ④ 개

맞은 개수 ⬚ 개

틀린 개수 ⬚ 개

다음은 위 글의 제목 후보입니다. 먼저, 위 글의 제목으로 가장 알맞은 것을 골라 빈칸에 ○를 하세요. 그런 다음, 주어진 조건에 맞게 ×, △, □를 표시하세요. (단, ○는 딱 한 개만

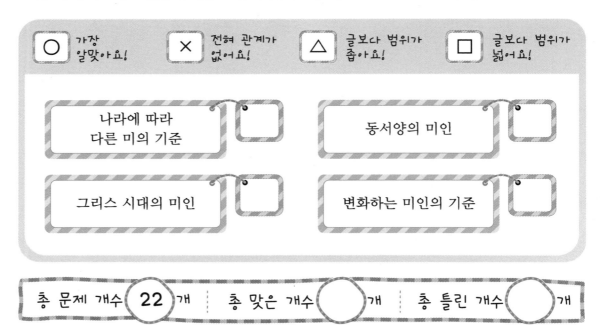

○ 가장 알맞아요!	× 전혀 관계가 없어요!
△ 글보다 범위가 좁아요!	□ 글보다 범위가 넓어요!

나라에 따라 다른 미의 기준 ⬚

동서양의 미인 ⬚

그리스 시대의 미인 ⬚

변화하는 미인의 기준 ⬚

총 문제 개수 ㉒ 개   총 맞은 개수 ◯ 개   총 틀린 개수 ◯ 개

공부 의욕 다지는 72   수학 공부 습관

글을 읽고 나서 오늘 공부를 신나게 시작하자고!

　수학은 조금씩이라도 매일매일 해야 한대요. 왜 그럴까요? 머리가 좋아서 새로운 개념을 금세 이해해도 끝까지 기억하지 못하면 잠깐 반짝하다가 곧 꺼져 버리는 반딧불이와 같아요.

　사람의 기억은 9시간이 지나면 급격하게 떨어진대요. 그렇기 때문에 9시간이 지나면 다시 한 번 기억을 되돌려 주어야 해요. 며칠이 지나면 지난번에 이해했는데도 완전히 새롭게 느껴지기도 해요.

　그래서 하루에 몇 문제라도 매일 푸는 습관을 가져 보세요. 아침에 일어나 책상에 앉아 정해 놓은 양의 수학 공부를 매일 하세요. 많지 않아도 좋아요. 시간도 10분, 20분이든 괜찮아요. 이 정도면 학교 진도에 맞추어 예습도 할 수 있어요. 일단 매일 공부하는 습관이 붙으면 그 뒤에 시간과 양을 늘려 가도 늦지 않아요. 꼭 실천해 보기로 해요.

24회 머리 풀어주는 **퍼즐**

| 도전 시간 | 걸린 시간 |
| 00 분 60 초 | 분 초 |

창의사고력 기초 다지기 정보처리능력 쑥~

다음과 같은 과녁에 5발의 화살을 쏘아 35점이 나왔습니다. 5점에 1발이 꽂혔다면 나머지 4개의 화살은 어디에 꽂혔을까요?

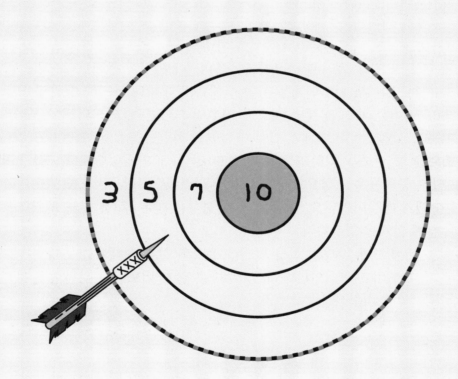

속독 정독

빠르고 **정확**하게 **읽기**

도전시간

| 8 분 | 20 초 |

걸린시간

| 분 | 초 |

● 오늘의 읽기 자료입니다. 잘 읽고 문제를 풀어 보세요.

영화에서나 있을 법한 얼굴 이식 수술인 페이스 오프 수술이 성공해 화제입니다. 프랑스의 이사벨 디누아르라는 여성은, 2005년 애완견에 물어 뜯겨 얼굴이 심하게 손상되었는데 이번 수술로 손상된 얼굴의 일부를 되찾았습니다. 그녀가 받은 페이스 오프 수술은 성형외과에서 이루어지는 수술로, 간 이식이나 신장 이식과 같은 얼굴 이식 수술입니다. 뇌사 상태에 빠진 사람의 얼굴 피부 · 근육 · 혈관 · 신경을 통째로 떼어 낸 후, 화상이나 사고로 얼굴이 심하게 망가진 사람에게 이식하여 주는 수술이지요.

사실, 성형 수술의 원래 목적은 아름다움을 위한 미용 성형이 아니라 재건 성형이었습니다. 선천적인 기형 또는 사고로 인해 손상된 신체를 원래대로 복원하기 위해 성형 수술이 탄생한 것이지요. 이러한 재건 성형의 시초는 기원전 500년쯤, 인도의 수쉬루타라는 의사가 벌이나 보복 등으로 얼굴이나 신체의 일부가 절단된 사람들을 위해 했던 수술입니다.

재건 성형은 성형 수술을 의학의 한 분야로 자리 잡게 만들었습니다. 제1차 세계 대전이 끝났는데도 많은 군인들은 고향으로 돌아가기를 꺼려했습니다. 전쟁 중에 손이나 발을 잃고 얼굴을 손상당했기 때문이었지요. 이들은 재건 성형을 받은 후, 신체의 복원뿐만 아니라 심리적 안정도 함께 얻게 되었습니다.

오늘날, 얼굴 등이 크게 손상된 화상 환자나 유방의 일부를 제거한 유방암 환자들에게 재건 성형은 꼭 필요한 치료 과정입니다. 성형 수술은 단지 외모만을 위한 수술이 아니라 마음까지 치료하는 소중한 수술이랍니다.

❶ 핵심어 찾기

다음 문장의 빈칸에 알맞은 낱말을 적어 보세요. 빈칸의 낱말이 위 글에서 가장 중요한 핵심어입니다.

문제 개수 1 개

맞은 개수 ◯ 개

틀린 개수 ◯ 개

[ ]이란 선천적인 기형 또는 사고로 인해 손상된 신체를 원래대로 복원하기 위한 성형 수술을 말한답니다.

106

♥ 다음 보기 를 이용해서 ❷~❸번 문제를 풀어 보세요.

보기 ① 화상 환자나 유방암 환자에게 꼭 필요한 치료
② 기형 또는 사고로 인해 손상된 신체를 원래대로 복원하기 위한 성형 수술
③ 제1차 세계 대전 후, 전쟁으로 손이나 발을 잃고 얼굴을 손상당한 군인들을 치료
④ 벌이나 보복 등으로 얼굴이나 신체의 일부가 절단된 사람들을 위한 수술
⑤ 신체의 복원뿐만 아니라 마음까지 치료하기 때문에

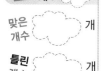

❷ 글의 짜임 그리기

다음은 위 글의 내용을 한눈에 볼 수 있도록 정리한 표입니다. ㉮~㉺에 보기 의 ①~⑤을 알맞게 넣어 표를 완성해 보세요.

문제 개수 5 개

맞은 개수 ☁ 개
틀린 개수 ☁ 개

재건 성형

재건 성형이란? ⇨ ㉮

재건 성형의 시초 ⇨ ㉯

유명해진 재건 성형 ⇨ ㉰

오늘날의 재건 성형? ⇨ ㉱

재건 성형이 중요한 이유? ⇨ ㉲

❸ 요약 하기

다음은 위 글의 중심 내용을 요약한 것입니다. ㉮~㉰에 보기 의 ①~⑤을 알맞게 넣어 요약 글을 완성해 보세요.

문제 개수 3 개

맞은 개수 ☁ 개
틀린 개수 ☁ 개

　　재건 성형이란 선천적인 기형 또는 사고로 인해 손상된 신체를 원래대로 복원하기 위한 성형 수술을 말한다. 성형 수술의 시초는 재건 성형으로 ㉮　　　　에서 시작되었다. 성형 수술은 재건 성형을 통해 의학의 한 부분으로 자리 잡게 되었다. ㉯　　　　　　하면서, 그들에게 신체의 복원뿐만이 아니라 심리적 안정까지 함께 가져다 주었기 때문이다. 오늘날, 재건 성형은 ㉰　　　　이다. 재건 성형은 신체의 복원뿐만 아니라 마음까지 치료하는 소중한 수술이다.

다음은 위 글에 가장 어울리는 제목을 찾는 과정입니다. 서로 관계 있는 것끼리 줄로 이으세요.

문제 개수 ③ 개

맞은 개수 　 개

틀린 개수 　 개

성형수술에 중독된 사회 ★　　　★ 이 글의 제목으로 딱 좋아!

마음까지 치료하는 재건 성형 ★　　　★ 범위가 너무 좁아!

성형수술의 역사 ★　　　★ 이 글과 상관없는 제목이야!

총 문제 개수 ⑫ 개　　총 맞은 개수 ◯ 개　　총 틀린 개수 ◯ 개

마음에 힘이 되는 12

친구에 대한 배려

글을 읽고 나서 오늘 공부를 신나게 시작하자고!

　시험 날, 친구를 위해 네잎 클로버를 준비해 보세요. 행운을 가져다 주는 네잎 클로버를 친구에게 건네면, 친구는 물론 내게도 행운이 찾아온답니다. 감기에 걸려 콜록거리는 짝꿍을 위해, 햇볕 드는 창가나 온풍기 옆자리를 양보해 보세요. 여러분의 마음에 놀란 친구의 감기가 금세 도망갈지도 모르니까요. 짝꿍이 책을 빼먹고 왔네요. 그렇다면, 살며시 여러분의 책을 책상 가운데로 밀어 보세요. 친구가 눈을 찡끗거리고 고마움을 표시할 거니까요.

　이처럼 친구를 위한 행동은 거창하거나 어려운 것이 아니랍니다. 친구의 입장에서 조금만 살펴보면 누구든지 할 수 있거든요. 게다가 여러분이 베푼 친절은 언젠가는 다시 여러분에게로 돌아오게 된답니다. 생각해 보세요. 여러분이 감기에 걸릴 수도, 책을 두고 그냥 학교에 갈 수도 있으니까요.

머리 풀어주는 퍼즐

도전 시간	걸린 시간
03 분 00 초	분 초

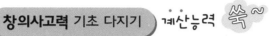

창의사고력 기초 다지기   계산능력 쑥~

화살표 방향으로 계산을 했을 때 물음표 자리에 들어갈 숫자는 무엇일까요? 단, 연산 순서는 무조건 화살표 방향 순서대로 진행합니다.

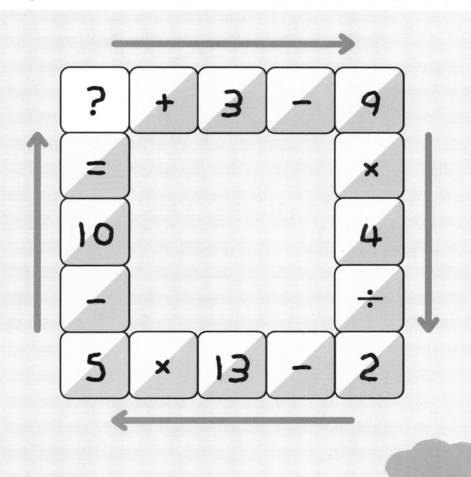

도전시간

7 분	20 초

걸린시간

분	초

● 오늘의 읽기 자료입니다. 잘 읽고 문제를 풀어 보세요.

"터치 폰~ 터치 폰~"

텔레비전을 보던 탁이가 또다시 엄마를 조르기 시작합니다. 마침 텔레비전에서는 터치 폰 광고가 나오고 있었습니다.

"지금 쓰는 휴대 전화도 멀쩡한데 무슨 터치 폰이야!"

"민상이도 터치 폰이란 말이야."

참다못한 엄마는 터치 폰이 꼭 필요한 이유를 말하라고 했습니다. 한참을 생각하던 탁이는 최신형이고, 광고에서 디자인과 성능이 최고라고 했기 때문이라고 말했습니다.

"맞아. 광고는 텔레비전 등을 이용해서 제품을 세상에 알리지. 그런데 새로운 정보를 알려 주는 좋은 점도 있지만 반대로 나쁜 점도 있어. 광고를 만드는 사람은 누굴까?"

"그야, 제품을 만드는 회사지."

탁이는 그런 것쯤은 식은 죽 먹기라는 듯, 큰 소리로 대답했습니다. 엄마는 화를 내는 대신 차근차근 광고에 대해 설명해 주었습니다.

"맞아. 더 많은 제품을 팔려고 광고를 만들기 때문에 가끔은 잘못된 정보를 전달하기도 해. 과장 광고나 허위 광고를 하는 거지. 게다가 광고는 사람들의 낭비와 과소비를 부추긴단 말이야. 터치 폰을 사 달라고 떼쓰는 탁이처럼!"

텔레비전에서는 또다시 터치 폰 광고가 나왔습니다. 아무 말 없이 광고를 바라보던 탁이의 뺨이 붉어졌습니다.

"엄마, 유명한 연예인이 나와서 더 비싼 것 같아. 엄마 떼써서 미안해요."

"와! 엄만 울 탁이를 광고하고 싶다. 똑똑하고 착하다고 말이야."

❶ 핵심어 찾기

다음 어휘 중에 위 글에 나온 어휘가 있으면 빈칸에 동그라미 하세요. 동그라미 한 어휘들이 위 글의 주제와 가장 관련이 깊은 핵심어입니다.

문제 개수 **6** 개

맞은 개수 ⬭ 개

틀린 개수 ⬭ 개

카피라이터	새로운 정보	공익 광고	텔레비전	과장 광고	과소비

♥ 다음 보기 를 이용해서 ❷~❸번 문제를 풀어 보세요.

> 보기
> ① 새로운 정보
> ② 더 많은 제품을 팔기 위해
> ③ 허위 광고, 과장 광고
> ④ 낭비와 과소비
> ⑤ 광고를 바라보는 소비자의 올바른 태도가 필요하다
> ⑥ 텔레비전 등을 이용해 제품에 관한 정보를 세상에 알리는 것

❷ 글의 짜임 그리기

다음은 위 글의 내용을 한눈에 볼 수 있도록 정리한 표입니다. ㉮~㉲에 보기 의 ①~⑥을 알맞게 넣어 표를 완성해 보세요.

광고		
뜻	㉮	
목적	㉯	
장단점	좋은 점	나쁜 점
	제품에 관한 ㉰ 를 알 수 있다.	잘못된 정보를 제공하기도 한다. ㉱ 를 부추긴다.
소비자의 태도	광고는 좋은 점과 나쁜 점을 동시에 갖고 있다. 따라서 ㉲ .	

❸ 요약하기

다음은 위 글의 중심 내용을 요약한 것입니다. ㉮~㉱에 보기 의 ①~⑥을 알맞게 넣어 요약 글을 완성해 보세요.

광고는 ㉮ 을 말합니다. 광고를 통해 제품에 관한 새로운 정보를 알 수 있다는 좋은 점도 있지만, 나쁜 점도 동시에 지니고 있습니다. 광고는 더 많은 제품을 팔기 위해서 만들기 때문에, ㉯ 로 잘못된 정보를 제공하기도 하고 ㉰ 를 부추기기도 합니다. 따라서 ㉱ .

④
제목
달기

다음은 위 글에 가장 어울리는 제목을 지어 보는 과정입니다. 보기에 주어진 단어를 이용해서 제목을 달아 보세요.

보기   태도   바라보는   광고   올바른

글을 읽고 나서
오늘 공부를
신나게 시작하자고!

상식 쑥쑥 키우는

넥타이

넥타이는 남성 패션의 중요한 액세서리입니다. 역사적으로 보면 고대 로마 제국의 군인이 포칼이라는 넥타이 형태의 천을 목에 감아 사용한 것에서 시작되었다고 합니다.

본격적으로 등장한 것은 17세기 후반에 등장한 크라바트입니다. 부드러운 천으로 스카프 모양을 만들거나 정교한 레이스와 자수 장식을 했습니다. 오늘날과 같은 나비넥타이가 등장한 것은 17세기 중반 이후이고 지금 모양의 넥타이로 발전한 것은 19세기 말입니다.

그 뒤 여성용이나 어린이들 옷에도 장식의 효과로 넥타이가 일부 사용되고 있습니다.

머리 풀어주는 퍼즐

도전 시간	걸린 시간
00 분 60 초	분 초

창의사고력 기초 다지기   주의집중력 쑥~

다음 보기와 다른 것은 무엇일까요?

보기
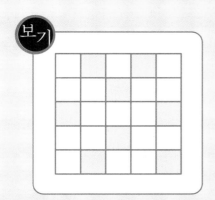

❶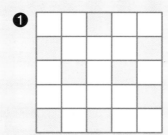

❷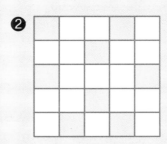

❸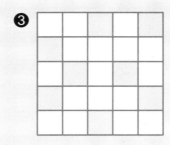

❹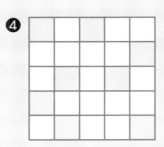

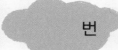
번

● 오늘의 읽기 자료입니다. 잘 읽고 문제를 풀어 보세요.

이번뜩 : 우리 광고 대행사를 찾아 줘서 고마워요. 전 이번뜩이에요.

김하나 : 안녕하세요? 전 김하나예요.
근데, 종이 사진에 '한 장이 아닙니다. 두 장입니다.' 라고 된 것도 광고인가요?

이번뜩 : 저거요? 공공의 이익을 위해 만든 공익 광고예요. 공익 광고는 '그 사회의 거울'이
예요. 그 사회의 문제점들이 잘 나타나 있기 때문이에요. 저 광고를 보면, 종이를
함부로 쓰는 우리의 모습을 금방 알 수 있잖아요. 피피엘(PPL:Products
Placement 간접 광고)도 광고 같지 않은 광고지요.

김하나 : 광고 같지 않은 광고요?

이번뜩 : 드라마에서 최신형 휴대 전화가 나오면 하나 양도 갖고 싶어지지요? 이런 심리를 이
용한 것이 피피엘 광고예요. 기업은 소품으로 상품을 제공하고 사람들은 드라마를
보면서 '아! 갖고 싶다' 하는 거구요. 광고인지도 모른 채 말이죠. 기업은 자연스럽
게 광고해서 좋고, 드라마를 만드는 사람들은 상품을 공짜로 쓰니까 좋고.

김하나 : 하지만, 뜬금없이 자꾸만 휴대 전화가 나오면 좀 이상하던
걸요.

이번뜩 : 와! 피피엘 광고의 나쁜 점을 알아채다니. 피피엘 광고가
지나치면 드라마를 제대로 볼 수가 없답니다. 하나 양은
커서 광고 일을 해도 되겠어요.

김하나 : 감사합니다. 그럼, 다음에 또 놀러 올게요.

❶ 핵심어 찾기

다음 문장의 빈칸에 알맞은 낱말을 적어 보세요. 빈칸의 낱말이 위 글에서 가장 중요한 핵심어입니다.

문제 개수 2개

맞은 개수 ◯ 개

틀린 개수 ◯ 개

◻◻◻◻◻ 는 공공의 이익을 위해 만드는 광고를 말합니다. 그리고 ◻◻◻◻
는 드라마나 영화에 제품을 무료로 제공하여 광고 효과를 노리는 광고를 말합니다.

114

♥ 다음 보기를 이용해서 ❷~❸번 문제를 풀어 보세요.

보기
① 그 사회의 거울
② '한 장이 아닙니다. 두 장입니다.'
③ 광고 같지 않은 광고
④ 드라마 등에 무료로 제품을 제공하는 방식의 광고
⑤ 공공의 이익을 위해 만든 광고
⑥ 오히려 드라마의 흐름을 망칠 수도 있다

다음은 위 글의 내용을 한눈에 볼 수 있도록 정리한 표입니다. ㉮~㉺에 보기의 ①~⑥을 알맞게 넣어 표를 완성해 보세요.

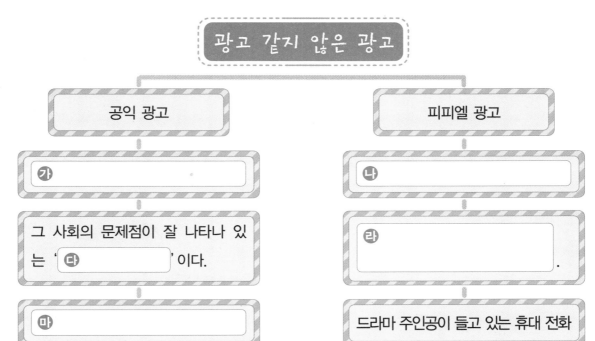

광고 같지 않은 광고

공익 광고 / 피피엘 광고

㉮ / ㉯

그 사회의 문제점이 잘 나타나 있는 '㉰' 이다. / ㉱

㉲ / 드라마 주인공이 들고 있는 휴대 전화

다음은 위 글의 중심 내용을 요약한 것입니다. ㉮~㉰에 보기의 ①~⑥을 알맞게 넣어 요약 글을 완성해 보세요.

공익 광고와 피피엘 광고는 ㉮   로, 소비자가 눈여겨보지 않으면 광고인지 알아챌 수 없다. 공익 광고는 ㉯   이다. 그 사회의 문제점이 잘 드러나 있어 '그 사회의 거울' 이라고 한다.

피피엘 광고는 광고 효과를 기대하고 ㉰   를 말한다. 주인공이 들고 있는 휴대 전화 등이 피피엘 광고가 될 수 있는데, 오히려 드라마의 흐름을 망칠 수가 있다.

④ 제목 달기

다음은 위 글의 제목 후보입니다. 먼저, 위 글의 제목으로 가장 알맞은 것을 골라 빈칸에
○를 하세요. 그런 다음, 주어진 조건에 맞게 ×, △, □를 표시하세요. (단, ○는 딱 한 개만

문제 개수 4 개

맞은 개수 ☁ 개

틀린 개수 ☁ 개

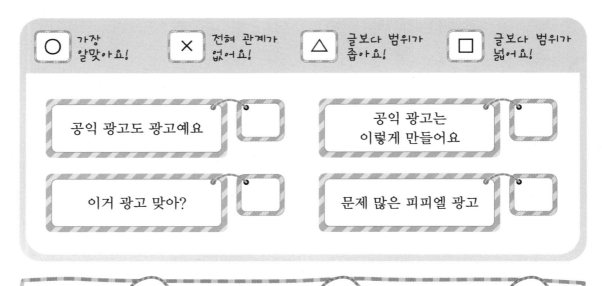

○ 가장 알맞아요!   × 전혀 관계가 없어요!   △ 글보다 범위가 좁아요!   □ 글보다 범위가 넓어요!

공익 광고도 광고예요	
공익 광고는 이렇게 만들어요	
이거 광고 맞아?	
문제 많은 피피엘 광고	

총 문제 개수 (14) 개   총 맞은 개수 (   ) 개   총 틀린 개수 (   ) 개

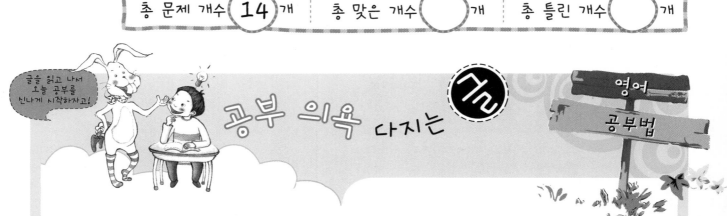

글을 읽고 나서 오늘 공부를 신나게 시작하자고!

공부 의욕 다지는

영어 공부법

　아무리 좋은 학원을 다녀도 저절로 영어를 잘하게 되는 건 아니에요. 길은 여러 갈래이지요. 그러나 어느 길로 가든 거쳐야 하는 길이 있어요. 그건 바로 모든 언어는 귀가 틔어야 말이 트인다는 사실이에요.

　외국어를 배워 귀가 트이려면 적어도 2000시간은 들어야 한대요. 초등생의 경우 하루 10시간 외국어에 노출되는 것으로 치면 6개월 이상이 걸린다는 뜻이에요. 물론 개인의 노력에 따라 많이 달라질 수는 있어요. 국내에서 영어 공부할 때도 이건 예외가 아니에요. 물론 집중해서 들으면 더 좋겠지만 흘려서 듣더라도 많은 시간 영어에 노출되어야 영어를 잘할 수 있는 건 틀림없는 사실이에요.

　영어를 잘하고 싶다면 우선 많이 들으세요. 좋아하는 애니메이션, 영화를 영어로 보는 것도 좋은 습관이에요. 단 자막 없이 보는 습관이 영어 듣기 향상에 큰 도움이 될 거예요.

116

27회

머리 풀어주는 퍼즐

도전 시간	걸린 시간
00 분 30 초	분 초

창의사고력 기초 다지기 연상추리력 쑥~

물음표에 들어갈 숫자는 무엇일까요?

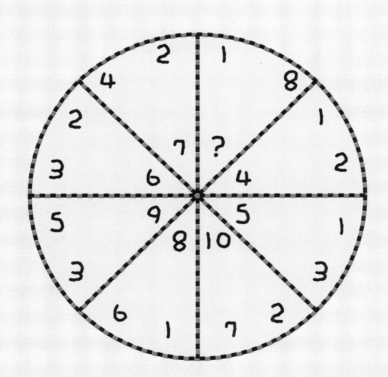

● 오늘의 읽기 자료입니다. 잘 읽고 문제를 풀어 보세요.

기업들은 더 많은 제품을 팔기 위해, 소비자들의 시선을 사로잡는 광고를 만들려고 노력하는데, 이때 자주 등장하는 것이 'B·B·B'랍니다. '아기(baby), 미녀(beauty), 동물(beast)'을 '광고의 3B'라고 부른답니다.

사람들은 아기의 모습을 보면서 즐겁고 행복한 기분을 느낀답니다. 특히, 분유와 기저귀처럼 주로 아기들이 사용하는 제품 광고에는 아기가 더 많이 등장합니다. 엄마들은 뽀송 기저귀 광고에 등장한 아기의 미소를 보며 그 기저귀를 구입하게 되는 것이지요.

미녀도 광고에 자주 등장합니다. 사람들의 시선을 쉽게 끌 수 있기 때문이랍니다. 예전엔 화장품과 옷과 같은 여성용품에 주로 등장했지만, 요즘엔 아파트와 가전제품의 광고로 그 영역을 넓혀 가고 있습니다.

말도 못하고 표정을 만들기도 힘든 동물도 인기 있는 광고 모델이랍니다. 광고에 동물이 등장하면, 광고에 대한 사람들의 호기심을 이끌어 낼 수 있고, 제품이 더욱 귀엽고 친근하게 다가갈 수 있기 때문이랍니다. 동물이 등장하는 광고의 효과는 아기가 등장하는 것과 비슷하답니다.

이제부터 광고 속 'B·B·B'를 찾아보세요. 광고를 보는 새로운 재미를 느낄 수 있답니다.

❶ 핵심어 찾기

다음 문장의 빈칸에 알맞은 낱말을 적어 보세요. 빈칸의 낱말이 위 글에서 가장 중요한 핵심어입니다.

문제 개수 2 개

맞은 개수 ◯ 개

틀린 개수 ◯ 개

◻◻◻◻◻ 는 소비자의 시선을 끌기 위해 광고에 자주 등장하는 주인공으로,

◻◻◻ 라고 불린답니다.

♥ 다음 보기 를 이용해서 ❷~❸번 문제를 풀어 보세요.

보기
① 소비자의 시선을 쉽게 끌 수 있다
② 화장품, 옷, 아파트, 가전제품 등 다양한 제품의 광고
③ 소비자에게 즐겁고 행복한 느낌을 준다
④ 기저귀나 분유 등 아기용품 광고　　⑤ 동물(beast)
⑥ 미녀(beauty)　　　　　　　　⑦ 소비자의 호기심을 유발하고

❷
글의 짜임
그리기

다음은 위 글의 내용을 한눈에 볼 수 있도록 정리한 표입니다. ㉮~㉰에 보기 의 ①~⑦을 알맞게 넣어 표를 완성해 보세요.

문제 개수 4 개

맞은
개수 ☐ 개

틀린
개수 ☐ 개

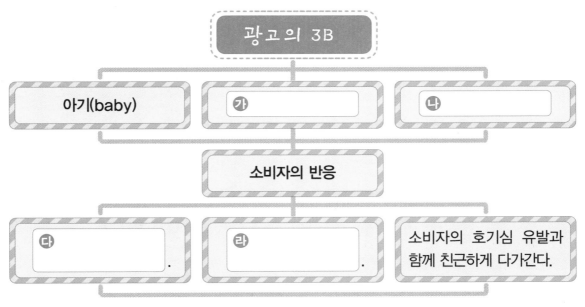

광고의 3B

아기(baby)　　㉮　　㉯

소비자의 반응

㉰ .　　㉱ .　　소비자의 호기심 유발과 함께 친근하게 다가간다.

❸
요약
하기

다음은 위 글의 중심 내용을 요약한 것입니다. ㉮~㉰에 보기 의 ①~⑦을 알맞게 넣어 요약 글을 완성해 보세요.

문제 개수 3 개

맞은
개수 ☐ 개

틀린
개수 ☐ 개

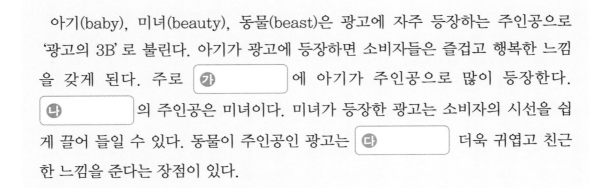

　아기(baby), 미녀(beauty), 동물(beast)은 광고에 자주 등장하는 주인공으로 '광고의 3B'로 불린다. 아기가 광고에 등장하면 소비자들은 즐겁고 행복한 느낌을 갖게 된다. 주로 ㉮　　에 아기가 주인공으로 많이 등장한다. ㉯　　의 주인공은 미녀이다. 미녀가 등장한 광고는 소비자의 시선을 쉽게 끌어 들일 수 있다. 동물이 주인공인 광고는 ㉰　　더욱 귀엽고 친근한 느낌을 준다는 장점이 있다.

다음은 위 글의 제목 후보입니다. 먼저, 위 글의 제목으로 가장 알맞은 것을 골라 빈칸에 ○를 하세요. 그런 다음, 주어진 조건에 맞게 ×, △, □를 표시하세요. (단, ○는 딱 한 개만 고르세요.)

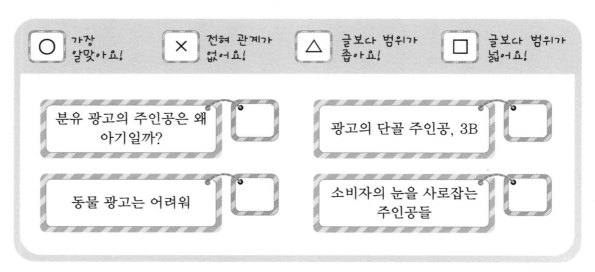

| ○ 가장 알맞아요! | × 전혀 관계가 없어요! | △ 글보다 범위가 좁아요! | □ 글보다 범위가 넓어요! |

분유 광고의 주인공은 왜 아기일까?

광고의 단골 주인공, 3B

동물 광고는 어려워

소비자의 눈을 사로잡는 주인공들

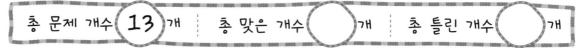

총 문제 개수 ⑬ 개 | 총 맞은 개수 ◯ 개 | 총 틀린 개수 ◯ 개

글을 읽고 나서 오늘 공부를 신나게 시작하자고!

마음에 힘이 되는 한 줄

사춘기 이기기

"너, 사춘기니?"

여러분이 짜증을 내거나, 버럭 화를 냈을 때 이런 말을 들어 본 적이 있을 거예요. 사춘기가 되면, 몸과 마음에 변화가 생긴답니다. 남자는 변성기가 오고 수염이 난답니다. 여자는 가슴이 나오고 생리가 시작되지요. 이성 친구에 대해 호기심이 생기고, 변덕이 심해진답니다.

몸의 변화가 시작되면 조금 부끄러워지기도 하지만, 어른이 되어 가는 과정이라 생각하고 그냥 자연스럽게 받아들이면 되어요. 이성 친구에 대한 호기심도 당연한 거랍니다. 부모님과 함께 이성 친구에 대해 말하고 의논하면 문제가 없답니다. 마음의 변덕 또한 사춘기의 한 증상 이랍니다. 몸처럼 마음도 어른으로 커 가는 아픔을 겪어야 하니까요. 다만, 긍정적으로 생각하고 취미 생활도 즐긴다면, 사춘기의 짜증과 변덕을 이겨 낼 수 있답니다.

머리 풀어주는

도전 시간	걸린 시간
00 분 50 초	분 초

창의사고력 기초 다지기 판단능력 쏙~

마지막 열의 물음표 안에는 어떤 모양의 그림이 올 수 있을까요?

❶ 　❷ 　❸ 　❹

번

121

● 오늘의 읽기 자료입니다. 잘 읽고 문제를 풀어 보세요.

20○○년 ○월 ○○일

사회 시간에 '나의 장래 희망' 이란 주제로 발표를 했다. 친구들은 선생님, 경찰, 과학자, 가수, 개그맨 등이 되고 싶다고 했다. 선생님이 그 직업을 선택한 이유를 묻자 '돈을 많이 버니까, 재미있을 것 같아서, 안정적이어서, 텔레비전에 나오니까' 라고 대답하는 친구들이 많았다.

내 차례가 되었는데, 나는 갑자기 당황스러웠다. 내 미래의 직업이 딱 떠오르지 않았기 때문이었다. 나는 "어떤 직업을 갖고 싶은지는 잘 모르지만, 내가 좋아하고 잘하는 일을 하고 싶습니다."라고 말했다. 친구들은 막 웃었지만, 선생님은 칭찬해 주셨다. 잘하고 좋아하는 일을 찾아내려는 내 마음이 예쁘다면서 말이다.

선생님의 어릴 적 꿈은 연극배우였다고 했다. 하지만, 어머니의 반대로 꿈을 이룰 수가 없었다고 했다. 연극배우는 돈을 벌 수 없고 생활도 불안정하다는 것이 반대 이유였다. 결국, 어머니의 뜻대로 안정된 직업인 선생님이 되었지만 연극배우가 되지 못해 아쉽다고 했다.

선생님은 직업을 선택할 때에는 여러 가지를 고려해야 한다고 말씀하셨다. 내가 정말 좋아하는 일인지, 내 적성과 소질에 맞는 일인지, 보람을 느낄 수 있는 일인지, 필요한 만큼의 돈을 벌 수 있는 일인지를 말이다.

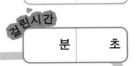

어른이 되면 누구나 생계를 위해 직업을 갖게 된다. 아직 어른이 되기엔 한참 남았으니까, 내가 잘하고 좋아하는 일을 찾아보아야겠다. 기왕이면 돈도 잘 버는 직업으로 말이다.

❶ 핵심어 찾기

다음은 위 글과 관련된 어휘들입니다. 가장 넓은 뜻을 지닌 어휘를 찾아 ✔ 해 보세요. 표시한 어휘가 위 글의 주제와 가장 관련이 깊은 핵심어입니다.

문제 개수 1 개

맞은 개수 ( ) 개

틀린 개수 ( ) 개

☐ 좋아하는 일인가   ☐ 적성과 소질에 맞는가   ☐ 보람을 느낄 수 있는가

☐ 직업 선택의 기준   ☐ 필요한 돈을 벌 수 있는가

♥ 다음 보기 를 이용해서 ❷~❸번 문제를 풀어 보세요.

보기
① 내가 잘하고 좋아하는 일을 하고 싶을 뿐이다
② 돈을 많이 벌고, 재미있고, 안정적이고, 텔레비전에 나오기 때문
③ 선생님, 경찰, 과학자, 가수, 개그맨　④ 필요한 만큼의 돈을 벌 수 있는 일인지
⑤ 생계를 위해 일정 기간 하는 일　　⑥ 보람을 느낄 수 있는 일인지

❷ 글의 짜임
그리기

문제 개수 4 개

맞은 개수 　 개

틀린 개수 　 개

다음은 위 글의 내용을 한눈에 볼 수 있도록 정리한 표입니다. ㉮~㉣에 보기 의 ①~⑥을 알맞게 넣어 표를 완성해 보세요.

직업				
의미	㉮			
	친구들		나	
친구들과 나의 의견	선택한 직업	㉯	선택한 직업	없다
	이유	㉰	이유	잘하고 좋아하는 일을 하고 싶은데, 아직은 잘 모르기 때문에
직업선택의 올바른 기준	▶ 내가 정말 좋아하는 일인지 ▶ 보람을 느낄 수 있는 일인지		▶ 적성과 소질에 맞는 일인지 ▶ ㉣	

❸ 요약 하기

문제 개수 4 개

맞은 개수 　 개

틀린 개수 　 개

다음은 위 글의 중심 내용을 요약한 것입니다. ㉮~㉣에 보기 의 ①~⑥을 알맞게 넣어 요약 글을 완성해 보세요.

　　직업은 ㉮　　　　　을 말한다. 우리 반 친구들은 선생님, 경찰, 과학자, 가수, 개그맨이 되고 싶다고 했다. 그 이유는 ㉯　　　　　이라고 했다. 나는 아직 뚜렷하게 되고 싶은 직업이 없다. 다만, ㉰　　　　. 선생님은 직업을 선택할 때, 올바른 기준이 있어야 한다고 했다. 내가 정말 좋아하는 일인지, 내 적성과 소질에 맞는 일인지, ㉣　　　　, 필요한 만큼의 돈을 벌 수 있는지를 생각하고 결정해야 한다고 했다.

④ 제목 달기

다음은 위 글에 가장 어울리는 제목을 찾는 과정입니다. 서로 관계 있는 것끼리 줄로 이으세요.

문제 개수 **3** 개

맞은 개수 ⬜ 개

틀린 개수 ⬜ 개

우리 반 아이들이 좋아하는 직업 ★   ★ 이 글의 제목으로 딱 좋아!

직업 선택의 기준 ★   ★ 범위가 너무 좁아!

돈 많이 버는 직업들 ★   ★ 이 글과 상관없는 제목이야!

총 문제 개수 **12** 개 ┊ 총 맞은 개수 ◯ 개 ┊ 총 틀린 개수 ◯ 개

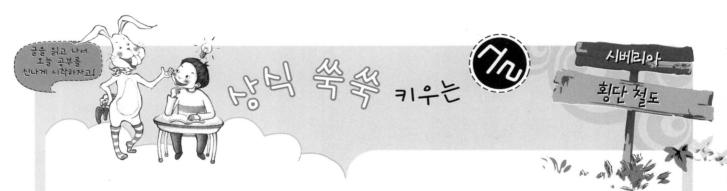

글을 읽고 나서 오늘 공부를 신나게 시작하자고!

상식 쑥쑥 키우는 상식

시베리아 횡단 철도

시베리아 횡단 철도는 러시아 모스크바에서 블라디보스토크까지를 연결한 것으로 총 9,441km에 달합니다. 서울에서 부산까지를 약 24회 이상 왔다갔다 할 정도의 거리라고 생각하면 얼마나 긴지 알겠죠. 블라디보스토크에서 출발해 7박 8일을 달려 종착역인 모스크바에 도착할 때까지 총 60여곳의 역에 정차합니다. 세계에서 노선이 가장 긴 직통열차로, 1929년에 전철화되기 시작하여, 2002년에 전 구간이 전철화 되었습니다.

이 철도는 겨울에도 얼지 않는 부동항인 블라디보스토크와 러시아의 수도 모스크바를 연결해 줍니다. 따라서 정치적으로 경제적으로 아주 중요한 노선이랍니다.

일제 시대에 카레이스키라 불리던 한인들이 이 열차에 실려 연해주에서 허허벌판인 중앙아시아로 강제 이주 당하기도 했답니다. 몇 년 전, 이 시베리아 횡단 열차를 북한, 나진을 거쳐 동해선을 잇고자 하는 움직임도 있었으나 이후 진전은 미진한 상태입니다.

머리 풀어주는 퍼즐

창의사고력 기초 다지기 정보처리능력 쏙~

왼쪽에서 오른쪽으로 그림이 배열된다고 할 때 마지막에 올 모양은 무엇인지 찾아보세요,

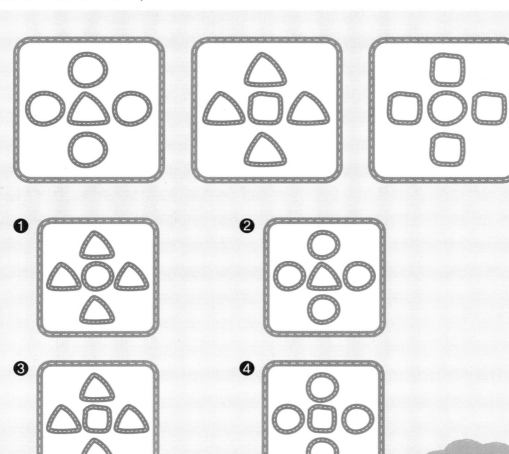

번

빠르고 **정확**하게 **읽기**

● 오늘의 읽기 자료입니다. 잘 읽고 문제를 풀어 보세요.

앞으로는 영국의 모든 학교에서 정크푸드를 찾아보기 힘들게 될 전망이다. 지난 28일* 영국의 루스 켈리 교육부 장관이 급식 질 개선에 5천 억 원을 추가 투입하여, 내년 9월부터** 학교 급식과 교내 자판기에서 정크푸드를 완전히 추방하겠다고 선언했기 때문이다.

이에 따라, 학교 급식에서 햄버거, 소시지, 감자튀김, 콜라 등의 정크푸드가 사라지게 되었고, 학교 내에서 껌, 캔디, 초콜릿 등을 판매하는 자판기는 철거를 해야 하며, 학교 매점에서도 이들의 판매가 금지된다. 교육부는 정크푸드 목록을 정하고 표준 식단을 만들어 각 학교에 제공하기로 했다.

영양학자들도 물과 과일, 야채, 지방 함량이 적은 고기 등으로 표준 식단을 마련하면 청소년들의 비만 문제가 조금은 해결될 것이라면서, 정크푸드 퇴출 결정을 환영했다.

영국 당국이 이런 획기적인 조치를 내리게 된 것은 요리사 제이미 올리버 때문이다. 그는 '제이미 스쿨 디너' 라는 텔레비전 프로그램을 통해 학교 급식이 정크푸드의 집합이란 사실을 세상에 알렸다. 그리고 학교의 급식 메뉴를 건강식으로 바꾸기 위한 '급식 개선 운동' 을 펼치기 시작했다. 이 운동은 영국 청소년의 식습관에 큰 변화를 가져왔고, 건강에도 좋은 영향을 가져오고 있다. 이번 교육부의 결정은 '급식 개선 운동' 의 완결편인 셈이다.

* 2005년 9월 28일

* * 2006년 9월

① 핵심어 찾기

다음 어휘 중에 위 글에 나온 어휘가 있으면 빈칸에 동그라미 하세요. 동그라미 한 어휘들이 위 글의 주제와 가장 관련이 깊은 핵심어입니다.

문제 개수 7 개

맞은 개수 ◯ 개

틀린 개수 ◯ 개

프랑스	정크푸드	급식 개선 운동	요리사	학교 급식	제이미 올리버	영국

126

♥ 다음 보기 를 이용해서 ❷～❸번 문제를 풀어 보세요.

보기 ① 제이미 올리버   ② 2005년 영국
      ③ 2006월 9월부터 학교 급식에서 정크푸드를 퇴출하기로 발표
      ④ 학교 급식은 정크푸드의 집합   ⑤ 정크푸드에서 건강식으로
      ⑥ 급식 개선 운동

❷
글의 짜임
그리기

문제 개수 4 개

맞은
개수   개

틀린
개수   개

다음은 위 글의 내용을 한눈에 볼 수 있도록 정리한 표입니다. ㉮~㉣에 보기 의 ①～⑥을 알맞게 넣어 표를 완성해 보세요.

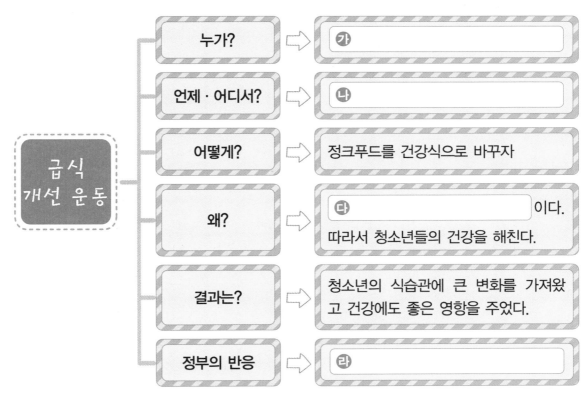

❸
요약
하기

문제 개수 4 개

맞은
개수   개

틀린
개수   개

다음은 위 글의 중심 내용을 요약한 것입니다. ㉮~㉣에 보기 의 ①～⑥을 알맞게 넣어 요약 글을 완성해 보세요.

   영국의 유명한 요리사 제이미 올리버는 학교 급식을 개선한 일등 공신이다. 영국의
 ㉮   이다. 그로 인해, 영국 청소년들은 건강을 해치고 있었다. 2005년, 제이미 올리버는 '잘 먹게 해 주세요'를 구호로 학교 급식을 ㉯   바꾸자는
 ㉰   을 벌였다. 그 결과 영국 청소년의 식습관에 큰 변화를 가져오게 되었고 건강에도 좋은 영향을 주었다. 결국 영국 교육부는 ㉱   하였다.

127

❹ 제목 달기

다음은 위 글에 가장 어울리는 제목을 지어 보는 과정입니다. 보기 에 주어진 단어를 이용해서 제목을 달아 보세요.

보기   바꾸다   제이미   올리버   세상을   요리사

공부 의욕 다지는 72

글을 읽고 나서 오늘 공부를 신나게 시작하자고!

민사고
주석 졸업생의 공부 습관

1. 중요한 일부터 먼저 한다. : 학교에서 돌아오면 늘 숙제와 공부를 마치고, 다른 일을 합니다. 항상 중요한 일을 먼저 하고, 나중에 노는 습관을 들이는 것이 좋습니다.

2. 닥치는 대로 책을 읽는다. : 초등학교 때부터 주변에 있는 책은 모두 읽습니다. 또한 잘 모르지만 부모님의 전공 관련 책도 읽습니다.

3. 짜증이 날 정도로 질문을 많이 한다. : 질문에 대한 답을 찾도록 노력합니다. 부모님도 좋고, 아니면 인터넷이나 백과사전을 찾아 답을 찾는 습관을 들이는 것이 좋습니다.

4. 매일 일기를 쓴다. : 일기를 쓰고, 부모님이나 선생님이 써 주신 짧은 의견을 받아들이면, 글 쓰는 실력이 쑥쑥 늘어납니다.

5. 학원을 선택하면 다른 학원은 기웃거리지 않는다. : 학원마다 가르치는 방법이 다르기 때문에 적응하는 데 시간이 많이 걸립니다. 따라서 한 학원에서 익숙한 방법에 따라 공부하는 것이 중요합니다.

머리 풀어주는 퍼즐

창의사고력 기초 다지기 계산능력 쓱~

아래 그림의 각 무늬는 숫자를 의미합니다. 무늬 사이의 관계를 볼 때 물음표에 들어갈 숫자는 무엇일까요?

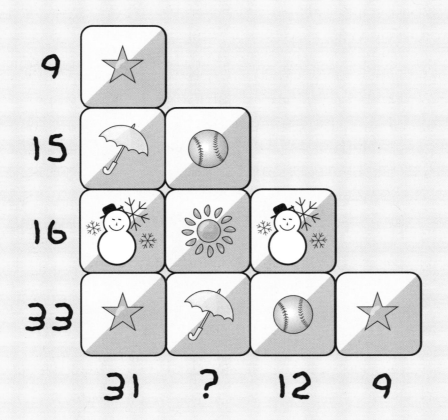

빠르고 **정확**하게  읽기

도전시간

| 7 분 | 30 초 |

걸린시간

| 분 | 초 |

● 오늘의 읽기 자료입니다. 잘 읽고 문제를 풀어 보세요.

'섬부'를 아시나요? '섬부'는 중국에만 있는 독특한 직업으로, 배를 끌고 강을 거슬러 올라가는 일을 말합니다. 양쯔 강은 한자로 긴 강이란 뜻의 장강(長江)이라 하는데, 그 길이가 수천 km에 이르는 정말 긴 강이랍니다. 최신 유람선을 타고 하류에서 상류까지 10일이 넘게 걸리니, 옛날에는 몇 달이 걸렸겠지요.

양쯔 강 상류에는 삼협이라는 계곡이 있는데 물살이 무척 세답니다. 수백 명 사공들의 노질로도 계곡을 따라 상류로 올라갈 수가 없을 정도니까요. 양쯔 강을 따라 항해하던 배들이 삼협 계곡 앞에서 모두 멈추면, 수백 명의 섬부들이 나타났습니다. 섬부들은 밧줄로 배를 꽁꽁 묶어서 계곡의 절벽으로 난 좁은 섬부의 길로 올라갔답니다.

섬부의 길이란 삼협 계곡의 절벽을 만든 ㄷ 자 모양의 좁은 길을 말합니다. 사람들이 바위를 뚫고 다듬어 만들었는데, 한쪽 편은 절벽이고 반대편은 강으로 떨어지는 낭떠러지랍니다. 절벽 쪽에는 쇠사슬이 박혀 있는데, 섬부들은 한 손으로는 밧줄을, 나머지 한 손으로는 쇠사슬을 잡고는 줄다리기를 하듯 배를 끌며 걸었답니다.

섬부들은 삼협 계곡을 따라 하류로 내려올 때도 필요했습니다. 올라갈 때와 마찬가지로 배에 줄을 묶어 섬부의 길을 따라 하류로 내려왔는데, 하류로 내려올 때가 더욱 위험하고 힘들었답니다.

모터보트의 등장으로 양쯔 강의 섬부들은 사라졌지만, 지금도 작은 강에는 멈춰선 배를 끄는 섬부들이 남아 있답니다.

❶ 핵심어 찾기

다음 문장의 빈칸에 알맞은 낱말을 적어 보세요. 빈칸의 낱말이 위 글에서 가장 중요한 핵심어입니다.

| 문제 개수 | 1 개 |

맞은 개수 ◯ 개

틀린 개수 ◯ 개

☐ 란 중국 양쯔 강에만 있는 독특한 직업으로, 배를 끄는 일을 하는 사람들을 말합니다.

130

♥ 다음 보기 를 이용해서 ❷~❸번 문제를 풀어 보세요.

보기
① 모터보트의 등장　　　　　② 수백 명의 섬부들이 나타나 배에 줄을 묶고는
③ 지금도 작은 강에는　　　　④ 섬부의 도움이 필요하다
⑤ 계곡의 절벽에 있는 섬부의 길 ⑥ 중국의 양쯔 강에 있는 삼협 계곡
⑦ 줄다리기하듯 배를 끌며 상류로 올라간다

❷ 글의 짜임 그리기

다음은 위 글의 내용을 한눈에 볼 수 있도록 정리한 표입니다. ㉮~㉣에 보기 의 ①~⑦을 알맞게 넣어 표를 완성해 보세요.

문제 개수 4 개

맞은 개수 ⬜ 개

틀린 개수 ⬜ 개

```
┌─────────────────────────────┐
│  삼협 계곡의 섬부              │
└─────────────────────────────┘
```

㉮ ⬜ 은 물살이 너무 세다. 그래서 배들이 계곡을 지나려면 ㉯ ⬜ .

섬부들은 ㉰ ⬜ 로 올라간다. 그러고는, 한 손에는 밧줄을 다른 한 손에는 섬부의 길에 박힌 쇠사슬을 잡고 줄다리기 하듯 배를 끈다.

상류로 올라갈 때와 마찬가지로, 하류로 내려갈 때에도 섬부들의 도움이 필요하다.

㉣ ⬜ 으로 섬부들은 사라졌지만, 지금도 작은 강에는 섬부가 남아 있다.

❸ 요약 하기

다음은 위 글의 중심 내용을 요약한 것입니다. ㉮~㉰에 보기 의 ①~⑦을 알맞게 넣어 요약 글을 완성해 보세요.

문제 개수 3 개

맞은 개수 ⬜ 개

틀린 개수 ⬜ 개

　중국의 양쯔 강에 있는 삼협 계곡에는 섬부라는 특이한 직업을 가진 사람들이 있다. 삼협 계곡은 물살이 무척 세어서 섬부들의 도움이 필요하다. 배들이 계곡에 멈추어 서면 ㉮ ⬜ 절벽에 난 섬부의 길로 올라간다. 한 손에는 밧줄을 다른 손은 길에 박힌 쇠사슬을 잡고 ㉯ ⬜ . 상류로 올라갈 때와 마찬가지로, 하류로 내려갈 때에도 섬부들의 도움이 필요하다. 모터보트의 등장으로 양쯔 강의 섬부들은 사라졌지만, ㉰ ⬜ 멈춰선 배를 끈 섬부가 남아 있다.

④ 제목 달기

다음은 위 글의 제목 후보입니다. 먼저, 위 글의 제목으로 가장 알맞은 것을 골라 빈칸에 ○를 하세요. 그런 다음, 주어진 조건에 맞게 ×, △, □를 표시하세요. (단, ○는 딱 한 개만

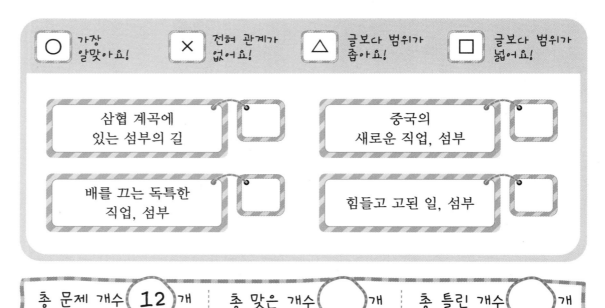

| ○ 가장 알맞아요! | × 전혀 관계가 없어요! | △ 글보다 범위가 좁아요! | □ 글보다 범위가 넓어요! |

삼협 계곡에 있는 섬부의 길

중국의 새로운 직업, 섬부

배를 끄는 독특한 직업, 섬부

힘들고 고된 일, 섬부

총 문제 개수 **12** 개 ┊ 총 맞은 개수 ○ 개 ┊ 총 틀린 개수 ○ 개

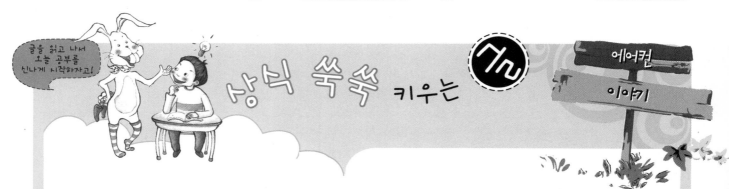

상식 쑥쑥 키우는 72

글을 읽고 나서 오늘 공부를 신나게 시작하자고!

에어컨 이야기

  에어컨은 여름철 마당에 물 뿌리기와 같은 원리로 움직여요. 물은 마당의 뜨거운 열기를 흡수해 증발하고 그러면 시원해져요. 에어컨은 물 대신 프레온 가스를 써요. 프레온 가스는 −40도에서 증발하므로 물보다 효율적이에요.

  에어컨은 ①압축기 ②응축기 ③증발기 ④팽창 밸브로 구성되었어요. 압축기로 프레온 가스 압력을 높여 응축기로 보내요. 응축기에서 열을 내보내고 프레온 가스는 액체 상태가 돼요. 이 프레온 액체가 증발기에 도달하면 스프레이 형태로 분출됩니다. 증발기로 들어간 액체는 따뜻한 실내 공기의 열을 빼앗아 증발하여 기체가 되고 차가워진 공기로 실내가 시원해져요.

  이렇게 하면 실내가 시원해지지만, 이 과정에서 생긴 열은 바깥으로 뿜어 내지요. 이 열이 도시 전체의 온도를 높이고 도시의 여름은 더 숨막히게 더워져요. 에어컨은 실내를 시원하게 하지만, 그만큼 세상을 덥게 만들기도 한답니다.

 13쪽~16쪽

 퍼즐

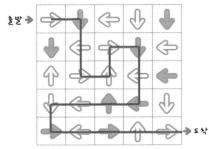

 정답

① **핵심어 찾기** 단청

② **글의 짜임 그리기** ㉮-⑥ 아름답게 만든다
㉯-② 벌레의 공격
㉰-⑤ 방위
㉱-③ 자연의 재료

③ **요약 하기** ㉮-① 목조 건물
㉯-④ 오방색

④ **제목 달기** ○, △, ×, □

 해설

제시문 정리하기

제시문은 우리나라 전통문화 중에 하나인 단청에 관한 내용입니다. 단청이란 목조 건물에 여러 가지 색으로 그림이나 무늬를 그려 치장하는 것을 말합니다. 더불어 목조 건물이 지닌 단점도 보완해 줍니다. 다소 밋밋

해 보이는 건물을 화려하게 꾸며 주고, 나무가 썩는 것을 막으며, 벌레의 공격을 피할 수 있게 해 줍니다. 단청의 기본 색깔은 다섯 가지입니다. 붉은색, 푸른색, 노란색, 흰색, 검은색으로 오방색이라고 합니다. 다섯 색깔은 각각 방위를 상징하고 있으며, 자연의 재료에서 색깔을 만들어 냅니다.

④ **제목 달기**

▶ **건물의 고운 옷, 단청** : 본문에서는 단청이란 무엇인지, 왜 단청을 칠하는지, 단청에 사용되는 색깔은 무엇인지에 대해 설명하고 있습니다. 그러므로 '건물의 고운 옷, 단청'이 단청에 관한 전반적인 내용을 아우를 수 있는 가장 적합한 제목입니다.

▶ **단청의 빛깔, 오방색** : 본문에서는 오방색에 대해서만 설명하고 있지 않습니다. 따라서 전체를 나타내는 제목으로 보기에는 범위가 좁습니다.

▶ **다양한 단청의 모양** : 본문에 언급된 내용이 아니기 때문에 이 글과는 관계가 없는 제목입니다.

▶ **소중한 우리 문화** : 소중한 우리 문화에는 단청 말고도 많은 것들이 있으므로, 이 글의 제목으로 하기에는 범위가 넓습니다.

 17쪽~20쪽

 퍼즐 ④

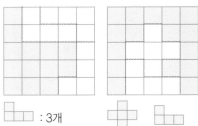

 정답

① **핵심어 찾기** 3, 7, 2

---

② **글의 짜임 그리기** ㉮-⑤ 조명등
㉯-③ 만능 행사장
㉰-② 뒷마당의 공기가 바람이 되어
㉱-① 새로운 모습의 마당

③ **요약 하기** ㉮-⑥ 햇볕과 바람을 들여놓던
㉯-④ 기쁨과 슬픔을 나누었던

④ **제목 달기**

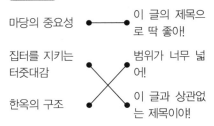

마당의 중요성 ● → 이 글의 제목으로 딱 좋아!

집터를 지키는 터줏대감 ● ✕ → 범위가 너무 넓어!

한옥의 구조 ● → 이 글과 상관없는 제목이야!

 해설

제시문 정리하기

제시문은 집터를 지키는 터줏대감이 마당이 얼마나 중요한지에 대해 알려 주는 설명글입니다. 마당은 옛날부터 조명등과 선풍기, 만능 행사장 등의 중요한 쓰임새를 지닌 장소였습니다. 마당에 반사된 햇볕 때문에 집 안이 환해졌으며, 뒷마당에서 앞마당으로 불어오는 바람 덕분에 여름철을 시원하게 지낼 수 있었고, 사람들의 생활 모습에 따라 놀이터, 작업장, 예식장, 장례식장 등으로 이용되었습니다. 오늘날 우리가 살고 있는 집의 모습은 많이 변했지만, 마당이 중요한 곳임을 깨닫고, 오늘날의 집에 어울리는 새로운 공간을 만들어야 합니다.

④ **제목 달기**

▶ **마당의 중요성** : 본문에서는 마당이 한옥에서 왜 중요한지에 대해 설명하고 있습니다. 따라서 이 글과 가장 적합한 제목입니다.

▶ **집터를 지키는 터줏대감** : 본문은 터줏대감에 대해 다룬 글이 아니기 때문에, 이 글과는 관계가 없는 제목입니다.

▶ **한옥의 구조** : 한옥의 구조에는 마당 말고도 대청마루, 온돌 등 많은 것들이 있습니다. 그러므로 이 글의 제목으로 하기에는 범위가 넓습니다.

차

장수하늘소 타조 바다코끼리 고추잠자리
코알라 카멜레온 배추흰나비 가재
도마뱀 땅강아지 다람쥐 시슴 파리

1️⃣ 핵심어 찾기 ○, ○, ×, ○, ×

2️⃣ 글의 짜임 그리기 ㉮-③ 고원 지대에 있는
동굴 집
㉯-② 황토층
㉰-① 자연형 야오동
㉱-⑤ 인공형 야오동

3️⃣ 요약 하기 ㉮-⑥ 절벽을 만들어
㉯-④ 건축비가 싸고

4️⃣ 제목 달기 중국의 독특한 집, 야오동

제시문 정리하기

제시문은 중국의 독특한 주거 형태인 야오
동에 대해 소개하고 있습니다. 야오동이란
중국 황하 부근의 고원 지대에 있는 동굴
집을 말합니다. 이 지역은 황토층으로 되어
있습니다. 누구든지 쉽게 흙을 파낼 수가 있
는 것이지요. 이러한 자연환경의 특징을 이
용해 동굴집이 생겨나게 되었습니다. 야오
동의 종류에는 자연형 야오동과 황토층에
일부러 동굴을 파낸 인공형 야오동이 있습
니다. 야오동은 건축비가 싸고 난방 효과가
뛰어나기 때문에, 6천 년이 지난 지금까지
도 많은 사람들이 살고 있습니다.

4️⃣ 제목 달기

▶ 중국의 독특한 집, 야오동 : 본문에서는
야오동이란 무엇이고, 왜 생겨나게 되었
는지, 그 종류에는 무엇이 있는지 등에
관한 전반적인 내용을 설명하고 있습니
다. 따라서 주어진 단어를 이용하여 전체
를 아우를 수 있는 제목을 만들어야 합
니다.

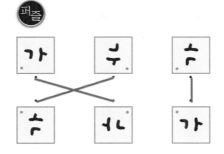

1️⃣ 핵심어 찾기 도시 문제

2️⃣ 글의 짜임 그리기 ㉮-② 교통 문제
㉯-⑤ 아파트 등을 많이
짓는다
㉰-⑥ 버스와 지하철 등
을 이용한다
㉱-① 쓰레기 분리수거하
기, ⑦ 공장 정화 시설 갖
추기, ⑧ 세제 사용 줄이기

3️⃣ 요약 하기 ㉮-④ 도시 인구의 증가
㉯-③ 일자리를 만들고

4️⃣ 제목 달기 ×, △, ○, △

제시문 정리하기

제시문은 도시의 인구 집중으로 인해 나타
나는 여러 가지 문제와 그 해결책에 대하여
전문가와 나눈 인터뷰입니다. 도시 인구의
증가로 인해 주택 문제, 교통 문제, 환경 문
제가 발생합니다. 주택 부족의 문제에 대한
해결책으로 아파트 등을 많이 지어 공급을
늘려야 합니다. 자동차의 증가로 인한 교통
문제의 해결을 위해서는 대중교통을 이용해
야 합니다. 쓰레기와 하천 오염 등 환경 문
제의 해결 방법으로는 쓰레기 분리수거를
철저히 하고, 공장에선 정화 시설을 갖추고,
가정에선 세제 사용을 줄여나가야 합니다.
무엇보다도 도시 문제의 근본적인 해결책은
도시로 사람들이 몰려드는 것을 막는 것입
니다. 이를 위해서는 농촌도 도시처럼 일자
리가 많아야 합니다. 또한 대중교통과 교육

및 문화 시설을 잘 갖춰 생활이 편리해야
합니다.

4️⃣ 제목 달기

▶ 편리한 도시 생활 : 본문에서는 인구 집
중으로 인해서 발생하는 도시의 여러 문
제에 대해 소개하고 있습니다. 따라서
'편리한 도시 생활'은 이 글과는 관계가
없는 제목입니다.

▶ 심각한 도시의 교통 문제 : 본문에서는
주택 문제, 교통 문제, 환경 문제를 도시
에서 발생하는 문제로 언급하고 있습니
다. '심각한 도시의 교통 문제'는 전체를
나타내는 제목으로는 범위가 좁습니다.

▶ 도시 문제의 원인과 해결 방법 : 본문에
서는 도시 인구의 증가로 인한 문제와 그
해결 방법에 대해 다루고 있습니다. 그러
므로 이것이 가장 적합한 제목입니다.

▶ 도시의 하천을 되살리는 방법 : 본문에서
는 하천을 되살리는 방법을 환경 문제의
한 부분으로 다루고 있으므로, 이 글의
제목으로는 범위가 좁습니다.

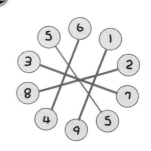

1️⃣ 핵심어 찾기 꾸리찌바, 생태 도시

2️⃣ 글의 짜임 그리기

㉮-⑧ 조화의 도시
㉯-⑦ 굴절 버스의 도시
㉰-① 꽃의 거리
㉱-④ 재활용품을 공책·음식물과
교환하는 날

ㅁ-⑥ 버스 전용 차선의 굴절 버스
　　ㅂ-② 사람과 자연이 함께 사는

3 요약 하기　㉮-⑤ 재활용의 도시
　　　　　　㉯-③ 채석장

4 제목 달기

꾸리찌바의 발, 굴
절 버스
오염 도시에서 생
태 도시가 되기까지
생태 도시, 꾸리찌
바에 놀러 오세요

이 글의 제목
으로 딱 좋아!
범위가 너무
좁아!
이 글과 상관
없는 제목이야!

해설

제시문 정리하기

제시문은 브라질 소년 뽀르뚜까가 꾸리찌
바를 소개한 글입니다. 꾸리찌바는 인간과
자연이 함께 사는 생태 도시입니다. 조화의
도시, 재활용의 도시, 굴절 버스의 도시이
지요. 꽃과 나무가 조화를 이룬 보행자 최
우선의 거리인 '꽃의 거리'는 자연과 사람
이 조화를 이루며 사는 모습을 잘 보여 줍
니다. 꾸리찌바의 시민들은 '녹색 교환의
날'이 되면 종이, 플라스틱 등의 재활용품
을 공책, 음식물과 교환합니다. 심지어, 건
물도 재활용하는데 '오뻬라 데 아라메 극
장'은 채석장을 다시 꾸민 거랍니다. 꾸리
찌바에는 노선별로 네 가지 색깔을 칠한 굴
절 버스가 다닙니다. 버스 전용 차선을 달
리기 때문에 승용차보다 빨라 많은 시민들
이 이용합니다.

4 제목 달기

▶ **꾸리찌바의 발, 굴절 버스** : 본문에서 꾸
리지바의 독특한 교통 정책인 굴절 버스
에 대한 내용은 일부분이므로 제목으로
하기엔 범위가 너무 좁습니다.

▶ **오염 도시에서 생태 도시가 되기까지** :
본문에서는 꾸리찌바가 환경 오염에서
벗어나 생태 도시로 다시 태어나는 과정
에 대해서는 나와 있지 않습니다. 따라
서 이 글과는 관계가 없는 제목입니다.

▶ **생태 도시 꾸리찌바에 놀러 오세요** : 본
문에서는 '꽃의 거리', '오뻬라 데 아라
메 극장', '굴절 버스' 등을 예로 들면서
생태 도시 꾸리찌바를 소개하고 있습니
다. 그러므로 이것이 가장 적합한 제목
입니다.

1 핵심어 찾기　○, ○, ○, ×, ○, ○

2 글의 짜임 그리기　㉮-① 무학 대사
　　　　　　　　㉯-⑥ 한양
　　　　　　　　㉰-② 밤새 내린 눈이
　　　　　　　　㉱-④ 한양을 '설울'이라
　　　　　　　　　　　 불렀는데

3 요약 하기　㉮-⑤ 도읍지를 새로 정하고
　　　　　　　　　 싶었다
　　　　　　㉯-③ 십리만 더 가라

4 제목 달기　○, △, ×

해설

제시문 정리하기

제시문은 조선의 새 도읍지가 된 한양에 관
한 이야기와 '서울'이라 부르게 된 유래를
소개하고 있습니다. 지금부터 600년 전, 새
로운 나라 조선을 세운 태조는 도읍지를 새
로 옮기고 싶었습니다. 태조는 유명한 스님
인 무학 대사에게 도읍지를 찾아 달라고 부
탁을 했습니다. 전국을 돌아다니던 무학 대
사는 지금의 왕십리에서 우연히 한 노인을
만나, 십 리만 더 가라는 말을 듣습니다. 노
인이 일러준 곳은 한양이었는데, 새 도읍지
로 좋은 곳이었습니다. 도읍지를 정하자, 태
조는 성벽을 쌓는 문제로 고민에 빠지게 되
었습니다. 어느 날, 밤새 내린 눈이 성벽을
쌓을 자리를 가르쳐 주었습니다. 이때부터
사람들은 한양을 '설울'이라 불렀는데, 이것
이 바뀌어 '서울'이 되었습니다.

4 제목 달기

▶ **'한양'과 '서울'** : 본문에서는 한양이 새
도읍지가 된 이야기와 '서울'이라고 불
리게 된 유래에 대해 소개하고 있습니다.

따라서 이 글의 제목으로 적합합니다.

▶ **무학 대사와 왕십리** : 본문에서는 왕십리
에 얽힌 무학 대사와 노인의 이야기가
소개되지만, 일부분입니다. 그러므로 이
글의 제목으로는 범위가 너무 좁습니다.

▶ **서울의 자연환경** : 본문에서 서울의 자연
환경에 대한 이야기가 나오지 않으므로,
이 제목은 제시문과 관계가 없습니다.

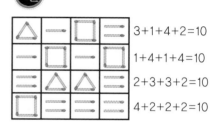

△	—	□	—	3+1+4+2=10
—	□	—	□	1+4+1+4=10
—	△	△	—	2+3+3+2=10
□	—	—	—	4+2+2+2=10

1 핵심어 찾기　GMO 또는 유전자 재조합 생
　　　　　　　　물체

2 글의 짜임 그리기
　　　㉮-⑧ 부족한 식량 문제를 해결할
　　　　　수 있다
　　　㉯-② 오히려 환경을 파괴한다.

3 요약 하기　㉮-⑤ 유전자 재조합 생물체
　　　　　　㉯-⑥ 생선과 토마토의 유전
　　　　　　　자를 이용한
　　　　　　㉰-④ 병충해와 더위·추위에
　　　　　　　강한 농산물
　　　　　　㉱-⑦ GMO를 '재앙'이라고

4 제목 달기　△, △, ○, ×

제시문 정리하기

제시문은 '유전자 재조합 생물체'인
'GMO'에 대한 전혀 상반된 두 가지 입장
을 소개하고 있습니다. GMO는 어떤 생물
체의 유전자 중에 유용한 유전자만을 빼내
어 다른 생물체에게 삽입하여 만들어진 새

로운 생물체를 말합니다. 생선과 토마토의 유전자를 이용한 '무르지 않는 토마토'가 그 예이지요. 일부 사람들은, GMO를 '선물'로 생각합니다. GMO 농산물로 부족한 식량 문제를 해결할 수 있으며, 농약 사용이 줄어 환경을 보호할 것이라고 주장합니다. 반면, GMO를 '재앙'으로 여기는 사람들도 있습니다. 그들은 GMO 식품이 결코 안전한지 장담할 수 없으며, GMO로 인해 생겨난 더 강한 잡초를 제거하려고 더 강한 농약을 사용해서 오히려 환경이 파괴될 것이라 주장합니다.

④ 제목 달기

▶ **식량 문제를 해결하는 GMO** : 본문에서는 GMO가 식량 문제를 해결하는 방법이라는 주장을 소개하고 있지만 일부의 내용입니다. 따라서 이 글의 제목으로는 범위가 좁습니다.

▶ **알레르기를 일으키는 GMO** : 본문에서는 GMO가 알레르기를 일으키는 원인이라고 소개하지만 내용의 전부는 아닙니다. 따라서 이 글의 제목으로는 범위가 좁습니다.

▶ **GMO 재앙인가 선물인가** : 본문에서 GMO에 대한 서로 다른 두 가지 입장에 대해 언급하고 있으므로, 이 글의 제목으로 적합합니다.

▶ **GMO 식품을 알아내는 방법** : 본문에 GMO 식품의 표기 방법에 대해 나오지 않으므로, 이 제목은 제시문과 관계가 없습니다.

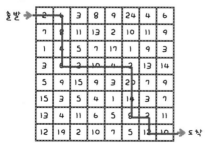

 정답

① 핵심어 찾기 ○, ○, ×, ○, ×, ○

② 글의 짜임 그리기
㉮-⑦ 우장춘
㉯-② 농사지을 씨앗조차 없는
㉰-⑥ 종자를 만들어 농가에 보급하였고
㉱-① 품종 개량을 하였다

③ 요약 하기
㉮-④ 1898년 일본에서 태어났다
㉯-⑤ 채소 씨앗을 모아
㉰-⑧ 강원도 감자

④ 제목 달기 △, ×, ○, ×

해설

제시문 정리하기

제시문은 '씨앗 박사'로 유명한 우장춘 박사의 일생에 대해 소개하고 있습니다. 우장춘 박사는 1898년 일본에서 태어났습니다. 비록 일본에서 태어났지만 한순간도 조선인임을 잊지 않았지요. 그는 어려운 가정 형편에도 불구하고 열심히 공부하여 농학 박사가 되어, 일본의 농사 시험장에서 연구를 하게 되었습니다. 1950년, 그는 52세가 되던 해애 농사지을 씨앗조차 없는 아버지의 나라를 위해 가족들을 일본에 남겨둔 채 한국행 배를 탔습니다. 그는 채소 씨앗을 모아 종자를 만들어 농가에 보급하였고, '강원도 감자', '제주도 귤', '한국 배추', '더블페튜니아' 등 품종 개량을 하였습니다. 몸을 돌보지 않고 연구하던 그는 병을 얻게 되었고, 1959년 벼 품종 개발의 연구를 마치지 못한 것을 안타까워하며 숨을 거두었습니다. 오늘날 우리가 맘껏 채소를 먹을 수 있는 것은 모두 우장춘 박사의 노력 덕분이랍니다.

④ 제목 달기

▶ **강원도 감자를 개발한 우장춘** : 본문에서는 바이러스 병균에 강한 '강원도 감자'를 우장춘 박사의 업적 중 일부분으로 소개하고 있습니다. 따라서 이 글의 제목으로는 범위가 좁습니다.

▶ **딸기 재배에 앞장선 우장춘** : 본문에서

소개된 우장춘 박사의 업적 중에는 딸기에 관한 부분이 없습니다. 따라서 이 글의 제목으로는 적합하지 않습니다.

▶ **'씨앗 박사' 우장춘** : 본문의 내용은 '씨앗 박사'로 유명한 우장춘 박사의 일생과 업적에 관한 것이므로, 이 글의 제목으로 적합합니다.

▶ **일본에 맞선 독립운동가, 우장춘** : 우장춘 박사는 1898년에 태어났지만 농작물을 연구하던 농학 박사였습니다. 따라서 이 글의 제목으로는 적합하지 않습니다.

 한국

 정답

① 핵심어 찾기 GMO 동물

② 글의 짜임 그리기
㉮-② 생명 공학을 이용하여 만든 GMO 동물
㉯-⑥ 식용으로 이용하자
㉰-④ 인간에게 안전한지 밝혀지지 않았다

③ 요약 하기
㉮-① 슈퍼 연어
㉯-⑤ 4배나 빠르고
㉰-③ 프랑켄피시

④ 제목 달기

식용으로 적합한 '슈퍼 연어' ╳ 이 글의 제목으로 딱 좋아!

'슈퍼 연어'에 대한 입장들 ╳ 범위가 너무 좁아!

생명 공학을 이용한 슈퍼 대구 ── 이 글과 상관 없는 제목이야!

해설

제시문 정리하기

제시문은 2000년 캐나다에서 생명 공학을 이용하여 만든 '슈퍼 연어'에 대해 소개하고 있습니다. '슈퍼 연어'는 대구의 일종인 파우트의 성장 호르몬 유전자와 보통 물고기의 유전자 그리고 연어의 유전자가 섞여 있는 GMO 동물입니다. 일반 연어에 비해 성장 속도는 4배나 빠르고 몸의 크기도 30배나 크지요. 성장 속도가 빠른 '슈퍼 연어'는 일반 연어에 비해 가격이 저렴하므로 식용으로 이용하려는 움직임이 있습니다. 하지만 '슈퍼 연어'는 '프랑켄피시'라며 이에 대한 반대도 만만치 않습니다. 머리가 기형인 '슈퍼 연어'가 인간에게 안전하다고 장담할 수가 없기 때문입니다. 더군다나 '슈퍼 연어'가 일반 연어와 섞여 알을 낳을 경우, 연어가 멸종할 가능성까지 있다고 합니다. '슈퍼 연어'가 인간에게 어떤 영향을 미칠지는 좀 더 지켜보아야 할 것입니다.

4 제목 달기

▶ 식용으로 적합한 '슈퍼 연어' : 본문에서는 '슈퍼 연어'를 식용으로 사용하려는 움직임과 함께 그 반대 입장도 언급되어 있습니다. 따라서 이 글의 제목으로는 범위가 좁습니다.

▶ '슈퍼 연어'에 대한 입장들 : 본문에서는 '슈퍼 연어'를 식용으로 사용하는 것에 대한 찬성과 반대 입장이 함께 소개되어 있습니다. 따라서 이 글의 제목으로 적합합니다.

▶ 생명 공학을 이용한 '슈퍼 대구' : 본문의 내용은 GMO 동물인 '슈퍼 연어'에 대한 찬성과 반대 입장이므로, 이 글과는 상관없는 제목입니다.

10회 49쪽~52쪽

퍼즐

7 - 2 × 4 + 3 = 23

9 × 6 ÷ 3 - 8 = 10

$\frac{2}{5}$ × $\frac{3}{2}$ + $\frac{1}{3}$ ÷ $\frac{7}{15}$ =2

정답

1 핵심어 찾기 ○, ×, ○, ○, ○, ○

2 글의 짜임 그리기 ㉮-④ 먼더거머 부족
㉯-⑥ 남녀 모두 온화하며 따뜻한 성품을 지녔다
㉰-② 여성은 공격적이고 활발한 반면, 남성은 겁이 많고 소극적이다
㉱-① 사회 속에서 성장하면서 길들여지는 것이다

3 요약 하기 ㉮-③ 뉴기니의 세 부족
㉯-⑤ 태어날 때부터 타고나는 것이 아니라

4 제목 달기 △, ○, △, ×

해설

제시문 정리하기

제시문은 마가렛 미드의 연구 결과를 통해 여성과 남성의 '여성다움'과 '남성다움'은 타고나는 것이 아니라, 사회 속에서 길들여지고 있음을 소개하고 있습니다. 뉴기니의 세 부족은 모두 밭농사를 지으며 생활했지만, 각 부족이 지니고 있는 남성과 여성의 특성은 전혀 달랐습니다. 아라페쉬 부족은 남녀 모두 온화하며 따뜻한 성품을 지닌 반면, 먼더거머 부족은 남녀 모두 공격적이고 거친 성격을 지녔습니다. 챔블리 부족의 경우에는 여자는 공격적이고 활발했지만, 남자는 소극적이고 겁이 많았습니다. 이처럼 '여성다움·남성다움'은 여성과 남성이 태어날 때부터 타고나는 것이 아니라, 사회 속에서 성장하면서 길들여지는 것입니다.

4 제목 달기

▶ 아라페쉬 부족의 생활 : 아라페쉬 부족의 남녀는 모두 온화하고 따뜻한 성품을 지녔다고 소개한 내용은 글의 일부분입니다. 따라서 이 글의 제목으로는 범위가 좁습니다.

▶ 길들여지는 '여성다움'과 '남성다움' : 본문에서는 마가렛 미드의 연구 결과를 바탕으로 '여성다움'과 '남성다움'이 사회 속에서 길들여지는 것이라고 주장하고 있으므로 이 글의 제목으로 적합합니다.

▶ 남녀의 역할이 바뀐 챔블리 부족 : 본문의 내용은 챔블리 부족뿐만이 아니라 아라페쉬와 먼더거머 부족의 이야기도 등장합니다. 따라서 이 글의 제목으로는 범위가 좁습니다.

▶ 하는 일이 다른 여자와 남자 : 본문에서는 '여성다움'과 '남성다움'의 특성이 타고나는 것인지에 대해 이야기하고 있습니다. 따라서 이 제목은 이 글과 전혀 관계가 없습니다.

11회 53쪽~56쪽

퍼즐 35개

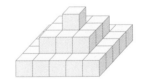

1층 : 5개×5개=25개
2층 : 3개×3개=9개
3층 : 1개

정답

1 핵심어 찾기 고려 시대, 양성평등

2 글의 짜임 그리기 ㉮-① 고려 시대
㉯-② 남편이 처가살이
㉰-⑥ 여성도 제사를 지냄
㉱-⑤ 아내의 재혼 금지
㉲-④ 성리학

3 요약 하기 ㉮-③ 남성 중심의 사회

제목 달기 남녀의 차별이 없는 고려 시대

 해설

제시문 정리하기

제시문은 고려 시대와 조선 시대 여성들의 삶을 비교하면서, 남녀 차별이 없던 고려 시대의 모습을 소개하고 있습니다. 고려 시대에는 남편이 처가살이를 했고, 여성도 남자 형제와 똑같이 상속을 받고 제사를 지냈으며, 여성들도 호주가 될 수 있었습니다. 또한 남편을 여읜 아내는 재혼을 할 수 있었지요. 고려 시대는 남녀의 차별이 없는 양성 평등 사회였습니다. 이러한 고려의 풍습은 조선 시대 전기까지 이어졌습니다. 그러나 조선 시대 중기에 들어 성리학이 사회를 이끄는 기본 원리가 되었고, 조선 시대는 남성 중심의 사회가 되었습니다.

◀ 제목 달기

▶ **남녀의 차별이 없는 고려 시대** : 본문에서는 남녀의 차별이 없던 고려 시대의 풍습을 소개하고 있습니다. 따라서 주어진 어휘를 이용하면 '남녀의 차별이 없는 고려 시대' 가 이 글의 제목으로 적합합니다.

 퍼즐 7개

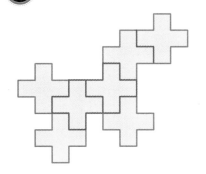

 정답

① 핵심어 찾기 ○, ○, ○, ×, ×, ○, ○

② 글의 짜임 그리기 ㉮-⑥ '어서 가라(죽어라)' 라는 뜻의 갈례라고도 불렸지만

㉯-② 17살 되던 해에
㉰-③ 3·1운동과 비밀 활동에 참여하여
㉱-⑤ 우리나라 최초의 여성 비행사가 되었고
㉲-④ 독립운동가와 비행사로의

③ 요약 하기 ㉮-① 어려운 형편에도 공장에 다니면서 학교에 다녔고
㉯-⑦ 특히 여자들이 앞장서서 꿈을 이룰 것을 당부하였다

④ 제목 달기 ×, ○, ×, △

 해설

제시문 정리하기

제시문은 우리나라 최초의 여자 비행사 권기옥에 관한 이야기입니다. 권기옥은 1901년 평양에서 태어났습니다. 딸이란 이유로 '어서 가라(죽어라)' 란 뜻의 '갈례'로 불렸지만, 결코 주눅이 들지 않았지요. 어려운 형편에도 공장에 다니면서 학교에 다녔고, 17살 때엔 미국인 비행사의 곡예비행을 보고는 비행사가 되기로 결심했습니다. 그 후, 3·1운동과 독립운동에 참여하여 고문을 당하였고 상해로 망명을 했습니다. 그곳에서 그녀는 조국의 독립을 위해 비행사가 되기로 마음먹었습니다. 1925년 중국의 항공 학교를 마친 그녀는, 결국 가슴에 비행사 배지를 달았습니다. 독립과 함께 조국으로 돌아온 그녀는, '공군 아주머니'로 불리며 우리나라 공군을 만드는 데 많은 도움을 주었습니다. 그녀는 젊은이라면 당연히 꿈을 가져야 하며, 특히 여자들이 앞장서서 꿈을 이룰 것을 당부하였습니다. 1988년, 권기옥은 독립운동가와 비행사로의 생을 마감했습니다.

◀ 제목 달기

▶ **여자 비행사가 되는 법** : 본문은 우리나라 최초의 여자 비행사 권기옥에 관한 이야기입니다. 따라서 '여자 비행사가 되는 법'은 이 글의 제목으로 적합하지 않습니다.

▶ **우리나라 최초의 여자 비행사, 권기옥** : 본문은 권기옥이 어려움을 딛고 우리나라 최초의 여자 비행사가 된 사연을 소개하고 있습니다. 따라서 이 글의 제목으로 적합합니다.

▶ **우리나라 최초의 비행사** : 우리나라 최초의 비행사는 안창남으로 본문의 내용과는 관계가 없습니다. 따라서 이 글의 제목으로는 적합하지 않습니다.

▶ **독립운동을 하는 소녀, 권기옥** : 본문은 권기옥이 여성에 대한 차별을 딛고 비행사가 된 것을 중심으로 소개하고 있습니다. 따라서 이 글의 제목으로는 범위가 좁습니다.

13 회 61쪽~64쪽

 퍼즐

4	6	3	1	2
1	7	4	8	6
2	5	6	5	9
3	9	1	7	8
6	8	1	2	5

출발
도착

정답

① 핵심어 찾기 네티켓

② 글의 짜임 그리기 ㉮-⑧ 통신망(network) +예의범절(etiquette)
㉯-① 서로 얼굴도 모른 채 이름 대신 아이디를 사용하여 만나기 때문에
㉰-⑤ 맞춤법에 맞는 인터넷 용어 쓰기
㉱-⑦ 상대방을 무시하거나 헐뜯지 않기

③ 요약 하기 ㉮-⑥ 서로에게 함부로 대할 수 있다
㉯-③ 인터넷과 같은 네트워크 사용자들이 서로에게 지켜야 할 예의범절
㉰-④ 자기 글을 여러 번 올려서 도배하지 않기
㉱-② 기분 좋은 인터넷 사용을 위해

제목 달기 ○, ×, ×, △

해설

제시문 정리하기

제시문은 인터넷 사용자들이 지켜야 하는 예의범절인 네티켓에 관한 내용을 담은 일기입니다. 네티켓이란, 통신망(network)과 예의범절(etiquette)의 합성어로, 인터넷과 같은 네트워크 사용자들이 서로에게 지켜야 할 예의범절을 말합니다. 지켜야 할 네티켓 내용으로는 '욕하지 않기, 맞춤법에 맞는 인터넷 용어 쓰기, 자기 글을 여러 번 올려서 도배하지 않기, 상대방을 무시하거나 헐뜯지 않기' 등을 들 수 있습니다. 인터넷은 서로 얼굴도 모른 채 이름 대신 아이디를 사용하여 만나는 공간입니다. 따라서 서로에게 함부로 대하지 않기 위해서는 네티켓을 실천해야 합니다.

제목 달기

▶ **기분 좋은 인터넷을 위한 네티켓** : 본문은 서로 얼굴과 이름도 모른 채 만나는 인터넷 공간에서 지켜야 할 예의범절인 네티켓에 대해 소개하고 있습니다. 따라서 이 글의 제목으로 적합합니다.

▶ **생활에 편리한 인터넷** : 본문에는 네티켓에 대해서만 소개할 뿐, 인터넷이 생활에 어떠한 영향을 미치는지 나와 있지 않습니다. 따라서 이 글의 제목과 관계가 없습니다.

▶ **인터넷 중독으로 인한 피해** : 본문에서는 인터넷 중독으로 인한 피해를 다루고 있지 않으므로, 이 글과는 관계가 없습니다.

▶ **지켜야 하는 네티켓 4가지** : 본문에서는 지켜야 하는 4가지의 네티켓뿐만 아니라 네티켓의 뜻과 지켜야 하는 이유에 대해서도 소개하고 있습니다. 따라서 이 글의 제목으로는 범위가 좁습니다.

14 회 65쪽~68쪽

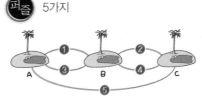 **퍼즐** 5가지

방법 1 : ❶ → ❷   방법 2 : ❶ → ❹
방법 3 : ❸ → ❷   방법 4 : ❸ → ❹
방법 5 : ❺

정답

① 핵심어 찾기 저작권

② 글의 짜임 그리기
㉮-① 소설가가 쓴 소설, 화가가 그린 그림, 프로그램 개발자가 만든 컴퓨터 프로그램 등
㉯-⑥ 가요를 학교 홈페이지에 올리기
㉰-④ 인터넷 자료 그대로 숙제로 내기
㉱-⑤ 구입한 음악을 MP3에 다운로드 받기
㉲-⑦ 구입한 게임 CD를 친구에게 빌려 주기

③ 요약 하기
㉮-② 어떤 사람의 창작으로 문화나 기술과 관련되어 만들어진 결과물에 대한 권리
㉯-⑥ 가요를 학교 홈페이지에 올리기
㉰-④ 인터넷 자료 그대로 숙제로 내기
㉱-③ 다른 사람의 글을 마음대로 카페에 올리기
㉲-⑧ 친구 음악 CD를 내 컴퓨터에 깔기
㉳-⑨ 좋아하는 TV 만화 녹화하기
㉴-⑤ 구입한 음악을 MP3에 다운로드 받기
㉵-⑦ 구입한 게임 CD를 친구에게 빌려 주기

제목 달기

이런 행동은 저작권 위반 ─── 이 글의 제목으로 딱 좋아!

생활 속 저작권 상식 ─── 범위가 너무 좁아!

저작권 위반에 따른 처벌 ─── 이 글과 상관없는 제목이야!

해설

제시문 정리하기

제시문은 저작권의 뜻과 생활 속 저작권 상식에 대한 내용을 소개하고 있습니다. 저작권이란 어떤 사람의 창작으로 문화나 기술과 관련되어 만들어진 결과물에 대한 권리를 말합니다. 그런데, 나도 모르는 사이에 생활 속에서 저작권을 위반하기 쉽습니다. 가요를 학교 홈페이지에 올린다든지 하는 것이 바로 그것입니다. 반면, 친구에게 게임 CD를 빌려 주는 것은 저작권을 위반하는 행동이 아닙니다. 저작권이 필요한 이유는 우리의 문화를 더욱 발전시켜 더 좋은 문화를 즐기기 위해서입니다.

제목 달기

▶ **이런 행동은 저작권 위반** : 본문에서는 저작권을 어기는 행동과 그렇지 않은 행동 두 가지를 모두 소개하고 있으므로 이 글의 제목으로는 범위가 좁습니다.

▶ **생활 속 저작권 상식** : 본문에서는 저작권의 뜻과 저작권에 관한 생활 속 상식에 대해 소개하고 있습니다. 따라서 이 글의 제목으로 적합합니다.

▶ **저작권 위반에 따른 처벌** : 본문에서는 저작권을 위반하면 받게 되는 처벌에 대해서는 나와 있지 않습니다. 따라서 이 글과는 상관없는 제목입니다.

퍼즐

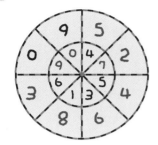

정답

 핵심어 찾기 카피레프트 운동

글의 짜임 그리기 **가**-④ 저작권을 갖고 있지 않은 사람도 이를 자유롭게 쓰자는 정보 공유 운동
나-② 리처드 스톨만
다-⑤ 빈부의 차이 없이 누구나 정보를 얻을 수 있도록 하기 위해
라-① 컴퓨터 운영 프로그램인 '리눅스'

요약 하기 **가**-⑥ 저작권을 뜻하는 영어인 카피라이트(copyright)에 빗대어 생겨난 말
나-③ 정보를 독점한 기업이 얻게 되는 지나친 부를 경고

제목 달기 ○, △, ×, △

해설

제시문 정리하기

제시문은 카피레프트 운동이란 무엇인지에 대해 소개하고 있습니다. 카피레프트(copyleft) 운동이란 저작권을 갖고 있지 않은 사람도 이를 자유롭게 쓰자는 정보 공유 운동으로, 저작권을 뜻하는 카피라이트(copyright)에 빗대어 생겨난 말입니다. 이를 처음 시작한 사람은 리처드 스톨만으로, 더 많은 사람들이 참여하여 '리눅스'가 탄생하게 되었습니다. '리눅스'는 컴퓨터 운영 프로그램을 독점하고 있는 '윈도'에 대적하

는 프로그램으로 무료로 사용할 수 있습니다. 사람들은 기업이 정보를 독점함으로써 얻게 되는 지나친 부를 경고하고, 빈부의 차이 없이 누구나 정보를 얻을 있도록 하기 위해 이 운동에 참가한다고 말합니다.

제목 달기

▶ **카피레프트 운동이란** : 본문에서는 자유로운 정보 공유를 주장하는 카피레프트 운동을 여러 가지 면에서 소개하고 있으므로, 이 글의 제목에 적합합니다.

▶ **카피레프트 운동과 스톨만** : 본문에서 스톨만은 카피레프트 운동을 시작한 사람으로 이 글에서 일부분에 소개되어 있습니다. 따라서 이 글의 제목으로는 범위가 좁습니다.

▶ **불법 복제를 위한 카피레프트** : 본문에서는 카피레프트와 불법 복제를 분명히 다른 것으로 소개하고 있습니다. 따라서 이 글과는 상관없는 제목입니다.

▶ **카피레프트 운동과 리눅스** : 본문에서는 리눅스를 카피레프트 운동을 대표하는 프로그램으로 다루고 있습니다. 따라서 이 글의 제목으로는 범위가 좁습니다.

퍼즐 ❸

정답

핵심어 찾기 ×, ○, ○, ○, ×, ×

글의 짜임 그리기 **가**-① 장경각
나-④ 몽골 군의 침입을 막기 위해 불경을 새겨 넣은 경판

다-⑥ 벌레의 공격·썩음·뒤틀림 방지
라-② 창과 바닥

요약 하기 **가**-④ 몽골 군의 침입을 막기 위해 불경을 새겨 넣은 경판
나-⑤ '산벚나무'로 만든 후, 경전을 새기고 '옻칠'을 하였다
다-② 창과 바닥
라-③ 독특한 창의 구조와 위치, 숯과 횟가루 등으로 다져진 바닥

제목 달기 ○, △, □, △

해설

제시문 정리하기

제시문은 세계 기록 유산인 팔만대장경과 세계 문화유산인 장경각의 뛰어난 과학성을 소개하고 있습니다. 몽골 군의 침입을 막아 내기 위해 부처님의 말씀을 새긴 팔만대장경은 고려 시대의 문화재입니다. 팔만대장경이 천년의 세월을 이겨낼 수 있었던 이유는 팔만대장경과 장경각의 과학성에 있습니다. 우선, 팔만대장경은 '산벚나무'로 만든 후, 경전을 새기고 '옻칠'을 하였습니다. 이는 경판의 뒤틀림과 벌레의 공격, 물로 인한 썩음을 막아 주었습니다. 또한, 독특한 창의 구조와 위치, 숯과 횟가루 등으로 다져진 바닥은 장경각 내부의 습도를 완벽하게 조절해 주었습니다. 팔만대장경과 장경각은 조상들의 과학 기술이 담긴 소중한 문화재입니다.

제목 달기

▶ **팔만대장경과 장경각에 숨겨진 과학** : 본문에서는 팔만대장경과 장경각이 천년의 세월을 이겨낼 수 있도록 만든 조상들의 과학 기술에 대해 소개하고 있으므로, 이 글의 제목에 적합합니다.

▶ **천 년의 세월을 이긴 팔만대장경** : 본문에서는 팔만대장경과 함께 이를 보관하고 있는 장경각에 대해서도 소개하고 있습니다. 따라서 이 글의 제목으로는 범위가 좁습니다.

▶ **우리의 뛰어난 문화재** : 본문에서는 우리의 뛰어난 문화재 중 팔만대장경과 장경

141

각에 대해서만 소개하고 있으므로, 이 글의 제목으로는 범위가 넓습니다.

▶ **장경각 습도 조절의 비밀** : 본문에서는 장경각과 함께 불경을 새겨 넣은 고려 시대의 문화재 팔만대장경에 대해서도 소개하고 있습니다. 따라서 이 글의 제목으로는 범위가 좁습니다.

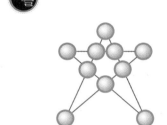

① **핵심어 찾기** 기록 문화

② **글의 짜임 그리기**
㉮ - ① 금속 활자로 인쇄
㉯ - ② 방대한 내용
㉰ - ⑤ 사용된 못의 크기와 수량, 못 하나의 가격까지 기록

③ **요약 하기**
㉮ - ⑥ 화성 건축의 모든 과정을 기록한 책자
㉯ - ① 금속 활자로 인쇄
㉰ - ⑤ 사용된 못의 크기와 수량, 못 하나의 가격까지 기록
㉱ - ③ 화성성역의궤
㉲ - ④ 유네스코가 인정한 세계 문화유산

④ **제목 달기** 우리의 뛰어난 기록 문화, 화성 성역의궤

제시문 정리하기

제시문은 조선 시대 만들어진 '화성성역의궤'를 소개하고 있습니다. '화성성역의궤'는 화성 건축에 관한 모든 공사 내용이 기록된 책입니다. 그 첫 번째 특징은 금속 활자로 인쇄되었다는 점입니다. 그로 인해 지금까지 여러 부의 인쇄 원본이 남을 수 있었습니다. 두 번째 특징은 방대한 내용의 자료를 담고 있다는 점입니다. 일정은 물론이고 예산 및 비용 등 공사에 관한 모든 과정이 기록되어 있습니다. 마지막으로 치밀한 기록을 그 특징으로 들 수 있습니다. 사용된 못의 크기와 수량, 못 하나의 가격까지 기록했습니다. '화성성역의궤' 덕분에 1970년대 화성을 복원하면서 200년 전 모습을 그대로 되살릴 수 있었습니다. 만약, '화성성역의궤'가 없었다면 화성은 유네스코가 인정한 세계 문화유산으로 등록될 수 없었을 것입니다.

④ **제목 달기**

▶ **우리의 뛰어난 기록 문화, 화성 성역의궤** : 본문에서는 화성의 건축에 관한 모든 내용이 기록된 화성성역의궤를 소개하고 있습니다. 따라서 주어진 어휘를 이용하면 '우리의 뛰어난 기록 문화, 화성 성역의궤'가 이 글의 제목으로 적합합니다.

① **핵심어 찾기** ×, ○, ○, ○, ×, ○

② **글의 짜임 그리기**
㉮ - ⑥ 방구부채
㉯ - ① 접부채
㉰ - ② 모양이 둥글다
㉱ - ③ 합죽선

③ **요약 하기**
㉮ - ④ 손으로 흔들어 바람을 일으키는 물건
㉯ - ⑥ 방구부채
㉰ - ① 접부채
㉱ - ⑧ 대나무로 부채 살을 만들고 그 위에 한지 또는 천을 붙여서 만든다
㉲ - ⑦ 태극무늬를 한 태극선
㉳ - ⑤ 주로 양반들이

④ **제목 달기** □, ○, △, ×

제시문 정리하기

제시문은 우리나라 전통 부채인 방구부채와 접부채에 관해 소개하고 있습니다. 부채는 손으로 흔들어 바람을 일으키는 물건이란 뜻의 순 우리말로, 손으로 부쳐서 바람을 일으킨다는 '부'와 가는 대나무라는 '채'가 합해서 만들어진 말입니다. 그 종류로는 방구부채와 접부채가 있는데, 두 가지 모두 대나무로 부채살을 만들고 그 위에 한지 또는 천을 붙여서 만듭니다. 방구부채는 둥글게 생겨서 둥근 부채라고도 하며, 태극무늬를 한 태극선이 있습니다. 주로 집에서 여자들이 사용합니다. 접부채는 접었다 폈다 할 수 있어서 붙여진 이름으로, 쥘부채라고도 합니다. 합죽선이 그 대표적인 부채로 주로 양반들이 사용합니다.

④ **제목 달기**

▶ **우리나라의 전통 부채** : 본문에서는 전통 부채의 종류에 대해 집중적으로 소개하고 있습니다. 따라서 이 글의 제목으로는 범위가 넓습니다.

▶ **우리나라 전통 부채의 종류** : 본문에서는 전통 부채인 방구부채와 접부채에 대해 소개하고 있으므로 이 글의 제목으로 적합합니다.

▶ **아름답고 실용적인 접부채** : 본문에서는 접부채뿐만 아니라 방구부채에 대해서도 소개하고 있습니다. 따라서 이 글의 제목으로는 범위가 좁습니다.

▶ **태극선 만드는 법** : 본문에서 태극선 만드는 법에 대해서는 소개하고 있지 않으므로, 이 글과는 관계가 없는 제목입니다.

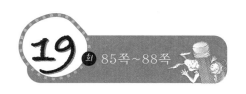

 원이 왼쪽으로 1칸, 오른쪽으로 2칸 거리 만큼 번갈아 움직입니다.

 정답

1 핵심어 찾기 의무 투표제

2 글의 짜임 그리기 ㉮-⑥ 투표를 하지 않는 사람에게 벌칙을 주어 강제적으로 투표를 하게 만드는 제도
㉯-① 투표율을 높이기 위해서
㉰-③ 호주, 벨기에, 싱가포르, 브라질 등 20여 개 나라
㉱-⑤ 다양한 언어와 여러 정당으로 분열되기 쉬운 벨기에를 선거를 통해 하나로 뭉치게 해 준다고 생각하기 때문이다

3 요약 하기 ㉮-⑥ 투표를 하지 않는 사람에게 벌칙을 주어 강제적으로 투표를 하게 만드는 제도
㉯-① 투표율을 높이기 위해서
㉰-③ 호주, 벨기에, 싱가포르, 브라질 등 20여개 나라
㉱-② 2003년 총선 투표율이 91%가 넘었다
㉲-④ 당연하며 좋은 제도
㉳-⑤ 다양한 언어와 여러 정당으로 분열되기 쉬운 벨기에를 선거를 통해 하나로 뭉치게 해 준다고 생각하기 때문이다

4 제목 달기 ○, △, ×, □

 해설

제시문 정리하기

제시문은 투표율을 높이기 위한 제도인 의무 투표제를 편지글 형식으로 소개하고 있습니다. 의무 투표제는 투표를 하지 않는 사람에게 벌칙을 주어 강제적으로 투표를 하게 만드는 제도입니다. 현재, 호주를 비롯해서 벨기에, 싱가포르, 브라질 등 20여개 나라가 채택을 하고 있습니다.

특히, 벨기에의 경우 지난 2003년 총선 투표율이 91%가 넘었습니다. 이는 의무 투표제의 영향이 크다고 볼 수 있습니다. 국민들은 이 제도를 당연하며 좋은 제도라고 여깁니다. 왜냐하면 다양한 언어와 여러 정당으로 분열되기 쉬운 벨기에를 선거를 통해 하나로 뭉치게 해 준다고 생각하기 때문입니다.

4 제목 달기

▶ **투표율을 높이는 의무 투표제** : 본문에서는 투표율을 높이기 위한 강제적인 방법인 의무 투표제에 관해 소개하고 있습니다. 따라서 이 글의 제목으로 적합합니다.

▶ **벨기에와 의무 투표제** : 본문에서는 의무 투표제의 구체적인 예로 호주와 벨기에를 들고 있습니다. 따라서 이 글의 제목으로는 범위가 좁습니다.

▶ **브라질의 의무 투표제** : 본문에서 브라질의 의무 투표제에 대해 언급하고 있지 않으므로, 이 글과는 관계가 없습니다.

▶ **투표율을 높이기 위한 방법들** : 본문에서는 투표율을 높이기 위한 방법으로 의무 투표제에 대해서만 소개하고 있습니다. 따라서 이 글의 제목으로는 범위가 넓습니다.

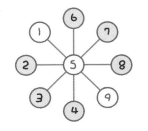

 정답

1 핵심어 찾기 시민 참여

2 글의 짜임 그리기 ㉮-③ 공공의 일을 결정하는 데 시민들이 참여하는 것
㉯-⑤ 우리 모두에게 커다란 영향을 미치기
㉰-① 공공 기관에 직접 의견을 전달하기
㉱-② 시민 단체에 참여하기
㉲-⑥ 투표하기

3 요약 하기 ㉮-⑦ 시민 참여
㉯-⑤ 우리 모두에게 커다란 영향을 미치기
㉰-④ 대통령 · 국회의원 · 지방 자치 단체 선거에 참여하는

4 제목 달기

살기 좋은 세상을 위한 시민 참여 — 이 글의 제목으로 딱 좋아!

님비 문제의 해결책, 시민 참여 — 범위가 너무 좁아!

적극적인 시민 참여, 투표 — 이 글과 상관없는 제목이야!

 해설

제시문 정리하기

제시문은 시민 참여에 대해 소개하는 글입니다. 시민 참여란 공공의 일을 결정하는 데 시민들이 참여하는 것을 말합니다. 공공 기관이 하는 일은 우리 모두에게 커다란 영향을 미치기 때문에 시민 참여가 중요합니다. 시민 참여의 방법으로는 인터넷 · 공청회 · 여론 등을 이용한 공공 기관에 직접 의견을 전달하기, 지역 단체나 환경 단체 등을 통한 시민 단체에 참여하기, 대통령 · 국회의원 · 지방 자치 단체 선거에 참여하는 투표하기 등이 있습니다.

4 제목 달기

▶ **살기 좋은 세상을 위한 시민 참여** : 본문에서는 시민 참여의 의미, 중요성, 방법에 대해 소개하고 있습니다. 따라서 이

143

글의 제목으로 적합합니다.

▶ **님비 문제의 해결책, 시민 참여** : 본문에서는 시민 참여를 님비 문제의 해결책으로 제시하고 있지 않습니다. 따라서 이 글과는 관계가 없는 제목입니다.

▶ **적극적인 시민 참여, 투표** : 본문에서는 투표를 적극적이고 쉬운 시민 참여의 방법으로 소개합니다. 하지만, 전체 내용의 일부분이므로 이 글의 제목으로는 범위가 좁습니다.

 11개

 ○, ×, ○, ○, ×, ○

 가–③ 고양의 고봉산
나–④ 용인의 대지산
다–① 마포의 성미산

③ 요약 하기 **가**–② 습지 매립
나–⑥ 시민들은 땅 한 평 사기 운동을 벌여 나갔다
다–⑤ 대지산도 개발을 포기 하였으며

④ 제목 달기 ×, △, △, ○

제시문 정리하기

제시문은 기사글 형식으로 시민들이 지켜 낸 고양의 고봉산, 용인의 대지산, 마포의 성미산을 소개하고 있습니다. 고봉산의 습지 매립을 막기 위해 시민들은 맨몸으로 굴삭기를 막고, 촛불을 들어 공사를 막아 냈습

니다. 대지산 인근의 주민들도 개발을 막기 위해 나섰습니다. 땅 주인들은 그린벨트 지정을 요구하고, 시민들은 땅 한 평 사기 운동을 벌여 나갔습니다. 성미산 주민들도 배수지 건설을 막기 위해 100일 동안 천막에서 생활을 하였습니다. 결국, 당국에서는 고봉산의 습지 보전을 확정하였고, 대지산도 개발을 포기하였으며, 성미산 역시 배수지 건설을 중단하였습니다.

④ 제목 달기

▶ **도심 속 쉼터가 되는 산들** : 본문에서는 시민 참여로 지켜낸 산들을 소개하고 있습니다. 따라서 이 글과는 관계가 없는 제목입니다.

▶ **고양 시민이 지켜 낸 고봉산** : 본문에 고양의 고봉산을 시민들이 지켜 냈다는 내용이 나오기는 하지만, 전체 내용은 아닙니다. 따라서 이 글의 제목으로는 범위가 좁습니다.

▶ **배수지 건설을 막은 주민들** : 본문에서는 주민들에 의해 배수지 건설이 중단된 성미산이 나오긴 하지만, 고봉산과 대지산도 소개하고 있습니다. 따라서 이 글의 제목으로는 범위가 좁습니다.

▶ **시민들이 지켜 낸 산들** : 본문에서는 시민들의 노력으로 지켜 낸 고봉산, 대지산, 성미산을 소개하고 있으므로, 이 글의 제목으로 알맞습니다.

 15개

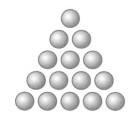

 화장

---

② 글의 짜임 그리기 **가**–④ 머리 장식
나–② 몸치장
다–① 가락지, 노리개, 장도
라–③ 분, 머릿기름, 연지, 먹
마–⑥ 화려하지만 사치스럽지 않고 검소하지만 누추하지 않은

③ 요약 하기 **가**–⑤ 비녀, 첩지, 뒤꽂이, 떨잠, 가체를 머리에 꽂거나
나–③ 분, 머릿기름, 연지, 먹
다–⑥ 화려하지만 사치스럽지 않고 검소하지만 누추하지 않은

④ 제목 달기 우리나라 옛 여인들의 화장

제시문 정리하기

제시문은 옛 여인들의 화장에 대해서 소개하고 있습니다. 옛 여인들은 머리 장식, 몸치장, 얼굴 화장 등으로 몸을 아름답게 꾸몄습니다. 머리 장식을 할 때에는 비녀, 첩지, 뒤꽂이, 떨잠, 가체를 머리에 꽂거나 댕기로 머리를 묶었는데 머리를 단정하게 다듬었습니다. 몸치장을 할 때에는 손에는 가락지를, 저고리 고름과 치마허리에는 노리개와 장도를 매달았습니다. 얼굴을 꾸미는 화장품의 종류는 그리 많지 않았습니다. 식물과 곡물을 이용해 분, 머릿기름, 연지, 먹을 만들어 화장을 했습니다. 화려하지만 사치스럽지 않고 검소하지만 누추하지 않은 모습의 옛 여인들은 소박한 아름다움을 추구했습니다.

④ 제목 달기

▶ **우리나라 옛 여인들의 화장** : 본문에서는 우리나라 옛 여인들이 몸을 아름답게 꾸미는 화장에 대해 소개하고 있습니다. 따라서 주어진 어휘로 제목을 만들면 '우리나라 옛 여인들의 화장'이 제목으로 적합합니다.

출발→	3	32	28	16	11
14	15	96	41	55	34
3	10	24	60	21	65
38	22	17	25	72	45
44	50	18	6	13	39
31	21	19	8	74	출발

1 핵심어 찾기 ○, ○, ○, ×, ○, ○, ×

2 글의 짜임 그리기
- ⑦-⑥ 넉넉하고 남성적인 얼굴
- ⑭-② 조선 시대
- ⑮-③ 그리스 시대
- ⑯-④ 통통한 여인
- ⑰-⑤ 쌍꺼풀 있는 큰 눈, 짙은 눈썹, 시원하고 뚜렷한 입매
- ⑱-⑧ 자신의 삶을 당당하게 살아가는 여자

3 요약 하기
- ⑦-⑦ 시대에 따라 변화합니다
- ⑭-① 뚱뚱한 여인
- ⑮-⑥ 넉넉하고 남성적인 얼굴
- ⑯-⑤ 쌍꺼풀 있는 큰 눈, 짙은 눈썹, 시원하고 뚜렷한 입매
- ⑰-⑧ 자신의 삶을 당당하게 살아가는 여자

4 제목 달기 ×, □, △, ○

해설

제시문 정리하기

제시문은 시대에 따라 변화하는 미인의 기준에 대해 소개하고 있습니다. 원시 시대에는 뚱뚱한 여인이 미인이었습니다. 아이를 많이 낳고 굶주림을 잘 견딜 수 있다고 생

각했지요. 그리스 시대에는 통통한 여인이 미인 대접을 받았습니다. 건강이 미의 기준이었기 때문입니다. 우리나라의 미의 기준은 서양과 조금 달랐습니다. 고구려 시대에는 넉넉하고 남성적인 얼굴이 미인이었습니다. 조선 시대의 미인은 쌍꺼풀이 없는 가는 눈, 길고 좁은 코, 앵두 같은 작은 입술을 지녀야 했지요. 현대에 들어와서, 미인의 모습은 크게 변화합니다. 쌍꺼풀이 있는 큰 눈, 짙은 눈썹, 시원하고 뚜렷한 입매를 지닌 여자가 미인이랍니다. 하지만, 미인의 기준에서 가장 중요한 것은 겉모습이 아니라 속마음입니다. 자신의 삶을 당당하게 살아가는 여자야말로 시대를 초월한 가장 아름다운 미인입니다.

4 제목 달기
- ▶ **나라에 따라 다른 미의 기준** : 본문에서는 시대에 따라 변화하는 미의 기준에 대해 소개하고 있으므로, 이 글과는 관계가 없습니다.
- ▶ **동서양의 미인** : 본문에서는 서양과 우리나라의 미인에 대해 소개하고 있습니다. 따라서 동양으로 확대하기에는 무리가 있으므로 이 글의 제목으로는 범위가 넓습니다.
- ▶ **그리스 시대의 미인** : 그리스 시대의 미인에 대해 소개하고 있지만 본문의 일부분입니다. 따라서 이 글의 제목으로는 범위가 좁습니다.
- ▶ **변화하는 미인의 기준** : 본문은 시대에 따라 변화하는 미의 기준에 대해 소개하고 있으므로, 이 글의 제목으로 적합합니다.

남은 4발의 합은 30입니다. 따라서 과녁에 꽂힌 화살은 10점 2개, 3점 1개, 7점 1개가 됩니다. 또는 10점에 2개 5점에 2개입니다.

1 핵심어 찾기 재건 성형

2 글의 짜임 그리기
- ⑦-② 기형 또는 사고로 인해 손상된 신체를 원래대로 복원하기 위한 성형 수술
- ⑭-④ 벌이나 보복 등으로 얼굴이나 신체의 일부가 절단된 사람들을 위한 수술
- ⑮-③ 제1차 세계 대전 후, 전쟁으로 손이나 발을 잃고 얼굴을 손상당한 군인들을 치료
- ⑯-① 화상 환자나 유방암 환자에게 꼭 필요한 치료
- ⑰-⑤ 신체의 복원뿐만 아니라 마음까지 치료하기 때문에

3 요약 하기
- ⑦-④ 벌이나 보복 등으로 얼굴이나 신체의 일부가 절단된 사람들을 위한 수술
- ⑭-③ 제1차 세계 대전 후, 전쟁으로 손이나 발을 잃고 얼굴을 손상당한 군인들을 치료
- ⑮-① 화상 환자나 유방암 환자에게 꼭 필요한 치료

4 제목 달기

성형 수술에 중독된 사회 / 이 글의 제목으로 딱 좋아!

마음까지 치료하는 재건 성형 / 범위가 너무 좁아!

성형 수술의 역사 / 이 글과 상관없는 제목이야!

해설

제시문 정리하기

제시문은 선천적인 기형 또는 사고로 인해 손상된 신체를 원래대로 복원하기 위한 성형 수술인 재건 성형에 대해 소개하고 있습니다. 성형 수술의 시초는 재건 성형으로 벌이나 보복 등으로 얼굴이나 신체의 일부가 절단된 사람들을 위한 수술에서 시작되었습니다. 재건 성형을 통해 성형 수술은 의학의 한 부분으로 자리 잡게 되었습니다. 제1차 세계 대전 후, 전쟁으로 손이나 발을 잃고 얼굴을 손상당한 군인들을 치료하면서, 그

들에게 신체의 복원뿐 아니라 심리적 안정까지 함께 가져다 주었기 때문입니다. 오늘날, 재건 성형은 얼굴이 크게 손상된 화상 환자나 유방의 일부를 절제한 유방암 환자에게 꼭 필요한 치료입니다. 재건 성형은 신체의 복원뿐만 아니라 마음까지 치료하는 소중한 수술입니다.

▶ **성형 수술에 중독된 사회** : 본문에서는 재건 성형의 뜻과 사례 그리고 중요성에 대해 소개하고 있으므로, 이 글과는 관계가 없습니다.

▶ **마음까지 치료하는 재건 성형** : 본문에서는 재건 성형이 신체의 복원과 함께 마음의 치료도 함께 가져온다고 소개하고 있습니다. 따라서 이 글의 제목으로 적합합니다.

▶ **성형 수술의 역사** : 재건 성형에서 시작된 성형 수술의 역사는 본문의 일부분입니다. 따라서 이 글의 제목으로는 범위가 좁습니다.

 퍼즐

15+3-9×4÷2-13×5-10=15

 정답

1 핵심어 찾기 ×, ○, ×, ○, ○, ○

2 글의 짜임 그리기 ㉮-⑥ 텔레비전 등을 이용해 제품에 관한 정보를 세상에 알리는 것
㉯-② 더 많은 제품을 팔기 위해
㉰-① 새로운 정보
㉱-④ 낭비와 과소비
㉲-⑤ 광고를 바라보는 소비자의 올바른 태도가 필요하다

3 요약 하기 ㉮-⑥ 텔레비전 등을 이용해 제품에 관한 정보를 세상에 알리는 것
㉯-③ 허위 광고, 과장 광고
㉰-④ 낭비와 과소비
㉱-⑤ 광고를 바라보는 소비자의 올바른 태도가 필요하다

4 제목 달기 광고를 바라보는 올바른 태도

 해설

제시문 정리하기

제시문은 광고에 관한 장단점과 함께 이를 바라보는 올바른 소비자의 태도에 대해 생활문 형식으로 소개하고 있습니다. 광고란 텔레비전 등을 이용해 제품에 관한 정보를 세상에 알리는 것을 말합니다. 광고를 통해 제품에 관한 새로운 정보를 알 수 있다는 좋은 점도 있지만, 나쁜 점도 동시에 지니고 있습니다. 광고는 더 많은 제품을 팔기 위해서 만들기 때문에, 허위 광고, 과장 광고로 잘못된 정보를 제공하기도 하고 낭비와 과소비를 부추기기도 합니다. 따라서 광고를 바라보는 소비자의 올바른 태도가 필요합니다.

▶ **광고를 바라보는 올바른 태도** : 본문에서는 생활글 형식으로 광고의 장단점을 소개하면서 이를 바라보는 소비자의 올바른 태도에 대해 소개하고 있습니다. 따라서 주어진 어휘로는 '광고를 바라보는 올바른 태도'가 제목으로 적합합니다.

 퍼즐 ❹

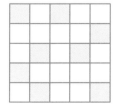

 정답

1 핵심어 찾기 공익 광고, 피피엘 광고

2 글의 짜임 그리기 ㉮-⑤ 공공의 이익을 위해 만든 광고
㉯-④ 드라마 등에 무료로 제품을 제공하는 방식의 광고
㉰-① 그 사회의 거울
㉱-⑥ 오히려 드라마의 흐름을 망칠 수도 있다
㉲-② '한 장이 아닙니다. 두 장입니다.'

3 요약 하기 ㉮-③ 광고 같지 않은 광고
㉯-⑤ 공공의 이익을 위해 만든 광고
㉰-④ 드라마 등에 무료로 제품을 제공하는 방식의 광고

4 제목 달기 △, ×, ○, △

 해설

제시문 정리하기

제시문은 광고 같지 않은 광고인 공익 광고와 피피엘 광고에 대한 내용으로 인터뷰 형식으로 된 글입니다. 두 광고는 소비자가 눈여겨보지 않으면 광고인지 알아챌 수 없습니다. 공익 광고는 공공의 이익을 위해 만드는 광고입니다. 그 사회의 문제점이 잘 드러나 있어 '그 사회의 거울'이라고 합니다. '한 장이 아닙니다. 두 장입니다.'라는 광고는 종이를 아껴 쓰자는 공익 광고에 해당됩니다. 피피엘 광고는 광고 효과를 기대하고 드라마나 영화에 무료로 제품을 제공하는 광고를 말합니다. 드라마 주인공이 들고 있는 휴대 전화 등이 피피엘 광고가 될 수 있는데, 오히려 드라마의 흐름을 망칠 수가 있습니다.

▶ **공익 광고도 광고예요** : 본문에서는 공익 광고와 함께 피피엘 광고도 소개하고 있으므로, 이 글의 제목으로는 범위가 좁습니다.

▶ **공익 광고는 이렇게 만들어요** : 본문에서는 공익 광고를 만드는 과정에 대해 나와 있지 않습니다. 따라서 이 글과는 관계가 없습니다.

▶ **이거 광고 맞아?** : 본문에서는 광고 같지 않은 광고로 공익 광고와 피피엘 광고를 소개하고 있습니다. 따라서 이 글의 제목으로 적합합니다.

▶ **문제 많은 피피엘 광고** : 피피엘 광고의 문제점은 본문 내용의 일부분입니다. 따라서 이 글의 제목으로는 범위가 좁습니다.

안쪽의 숫자는 바깥쪽 숫자를 더한 값에 1을 추가로 더한 값입니다. 따라서 물음표는 1+8+1이 되므로 정답은 10입니다.

① 핵심어 찾기 ' 아기(baby), 미녀(beauty), 동물(beast)', '광고의 3B'

② 글의 짜임 그리기 ㉮-⑥ 미녀(beauty)
㉯-⑤ 동물(beast)
㉰-③ 소비자에게 즐겁고 행복한 느낌을 준다
㉱-① 소비자의 시선을 쉽게 끌 수 있다

③ 요약 하기 ㉮-④ 기저귀나 분유 등 아기용품 광고
㉯-② 화장품, 옷, 아파트, 가전제품 등 다양한 제품의 광고
㉰-⑦ 소비자의 호기심을 유발하고

④ 제목 달기 △, ○, ×, □

제시문 정리하기

제시문은 '광고의 3B'로 불리는 아기(baby), 미녀(beauty), 동물(beast)에 관한 소개입니다. 아기, 미녀, 동물은 광고에 자주 등장하는 주인공들입니다. 아기가 광고에 등장하면 소비자들은 즐겁고 행복한 느

낌을 갖는답니다. 아기는 기저귀와 분유 등 아기용품 광고에 주로 등장합니다. 화장품, 옷, 아파트, 가전제품 등 다양한 제품의 광고의 주인공은 미녀입니다. 미녀가 등장한 광고는 소비자의 시선을 쉽게 끌 수 있습니다. 동물이 주인공인 광고는 소비자의 호기심을 유발하고 더욱 귀엽고 친근한 느낌을 준다는 장점이 있습니다.

④ 제목 달기

▶ **분유 광고의 주인공은 왜 아기일까?** : 본문에서는 아기, 미녀, 동물이 광고에 자주 등장하는 이유에 대해 설명하고 있습니다. 따라서 이 글의 제목으로는 범위가 좁습니다.

▶ **광고의 단골 주인공, 3B** : 본문에서는 소비자들의 시선을 잡는 주인공인 광고의 3B에 대해 소개하고 있습니다. 따라서 이 글의 제목으로 적합합니다.

▶ **동물 광고는 어려워** : 본문에서는 동물 광고 제작 과정의 어려움에 대해서는 나와 있지 않으므로 이 글과는 관계없는 제목입니다.

▶ **소비자의 눈을 사로잡는 주인공들** : 본문에서는 소비자의 눈을 사로잡는 광고 주인공으로 아기, 미녀, 동물만을 소개하고 있습니다. 따라서 이 글의 제목으로는 범위가 넓습니다.

대각선 방향으로 같은 모양이 되는데 하트는 하얀색과 다른 색이 번갈아 나옵니다.

① 핵심어 찾기 직업 선택의 기준

② 글의 짜임 그리기 ㉮-⑤ 생계를 위해 일정 기간 하는 일
㉯-③ 선생님, 경찰, 과학자, 가수, 개그맨
㉰-② 돈을 많이 벌고, 재미있고, 안정적이고, 텔레비전에 나오기 때문
㉱-④ 필요한 만큼의 돈을 벌 수 있는 일인지

③ 요약 하기 ㉮-⑤ 생계를 위해 일정 기간 하는 일
㉯-② 돈을 많이 벌고, 재미있고, 안정적이고, 텔레비전에 나오기 때문
㉰-① 내가 잘하고 좋아하는 일을 하고 싶을 뿐이다
㉱-⑥ 보람을 느낄 수 있는 일인지

④ 제목 달기

우리 반 아이들 이 좋아하는 직업 ✕ 이 글의 제목으로 딱 좋아!

직업 선택의 기준 ✕ 범위가 너무 좁아!

돈 많이 버는 직업들 —— 이 글과 상관없는 제목이야!

제시문 정리하기

제시문은 올바른 직업 선택의 기준에 대한 내용으로 일기문 형식입니다. 직업이란 생계를 유지하기 위해 일정 기간 하는 일을 말합니다. 요즘 주인공 반 아이들은 선생님, 경찰, 과학자, 가수, 개그맨 등이 되고 싶어 합니다. 그 이유는 돈을 많이 벌고, 재미있고, 안정적이며, 텔레비전에 나오기 때문이랍니다. 주인공은 아직 무엇이 되고 싶은지 정하지 못했습니다. 선생님은 내가 정말 좋아하는 일인지, 내 적성과 소질에 맞는 일인지, 보람된 일인지, 필요한 만큼의 돈을 벌 수 있는지를 생각하고 직업을 결정해야 한다고 말합니다.

④ 제목 달기

▶ **우리 반 아이들이 좋아하는 직업** : 본문에서는 주인공 반 친구들의 발표 내용이 포함되어 있지만, 일부분입니다. 따라서

이 글의 제목으로는 범위가 좁습니다.

▶ **직업 선택의 기준** : 본문에서는 직업을 선택할 때 고려해 보아야 할 기준에 대해 소개하고 있으므로, 이 글의 제목으로 적합합니다.

▶ **돈 많이 버는 직업들** : 본문에서는 돈 많이 버는 직업에 대해 소개하고 있지 않습니다. 따라서 이 글과는 관계없는 제목입니다.

29 회 125쪽~128쪽

 퍼즐 ②

원은 삼각형으로, 세모는 네모로, 네모는 원으로 모양이 바뀝니다.

 정답

① 핵심어 찾기 ✕, ○, ○, ○, ○, ○, ○

② 글의 짜임 그리기
㉮-① 제이미 올리버
㉯-② 2005년 영국
㉰-④ 학교 급식은 정크푸드의 집합
㉱-③ 2006월 9월부터 학교 급식에서 정크푸드를 퇴출하기로 발표

③ 요약 하기
㉮-④ 학교 급식은 정크푸드의 집합
㉯-⑤ 정크푸드에서 건강식으로
㉰-⑥ 급식 개선 운동
㉱-③ 2006월 9월부터 학교 급식에서 정크푸드를 퇴출하기로 발표

④ 제목 달기 요리사 제이미 올리버, 세상을 바꾸다.

 해설

제시문 정리하기

제시문은 학교 급식에서 정크푸드를 퇴출하기로 한 영국 교육부 발표의 기사문입니다. 영국의 유명한 요리사 제이미 올리버는 학교 급식을 개선한 일등 공신입니다. 영국의 학교 급식은 정크푸드의 집합체였는데, 그로 인해, 영국 청소년들은 건강을 해치고 있었습니다. 2005년, 제이미 올리버는 '잘 먹게 해 주세요'를 구호로 학교 급식을 정크푸드에서 건강식으로 바꾸자는 급식 개선 운동을 벌였고, 그 결과 영국 청소년의 식습관에 큰 변화를 가져오게 되었으며 건강에도 좋은 영향을 주었습니다. 결국, 영국 교육부는 다음 해 9월부터 학교 급식에서 정크푸드를 퇴출시키겠다고 발표하였습니다.

④ 제목 달기

▶ **요리사 제이미 올리버, 세상을 바꾸다.** : 본문에서는 학교 급식에서 정크푸드를 퇴출시킨 계기를 마련한 급식 개선 운동에 대해 소개하고 있습니다. 이 운동을 벌인 사람은 바로 요리사 제이미 올리버입니다. 따라서 '요리사 제이미 올리버, 세상을 바꾸다'가 제목으로 적합합니다.

30 회 129쪽~132쪽

 퍼즐 21

☆=9, ☂=8, ◐=7, ☀=6, ☃=5입니다.
따라서 ◐ + ☀ + ☂ =7+6+8=21

 정답

① 핵심어 찾기 섬부

② 글의 짜임 그리기
㉮-⑥ 중국의 양쯔 강에 있는 삼협 계곡
㉯-④ 섬부의 도움이 필요하다
㉰-⑤ 계곡의 절벽에 있는 섬부의 길

㉱-① 모터보트의 등장

③ 요약 하기
㉮-② 수백 명의 섬부들이 나타나 배에 줄을 묶고는
㉯-⑦ 줄다리기하듯 배를 끌며 상류로 올라간다
㉰-③ 지금도 작은 강에는

④ 제목 달기 △, ✕, ○, △

 해설

제시문 정리하기

제시문은 중국의 삼협 계곡에 있는 독특한 직업인 섬부에 관한 소개입니다. 중국의 양쯔 강에 있는 삼협 계곡은 아름답지만 물살이 무척 세어서 배들이 움직이질 못한답니다. 그래서 배를 끄는 일을 하는 섬부들이 필요합니다. 배들이 삼협 계곡에서 멈추어 서면 수백명의 섬부들이 나타나 배에 줄을 묶고는 절벽에 난 섬부의 길로 올라갑니다. 한 손에는 밧줄을, 다른 손은 길에 박힌 쇠사슬을 잡고 줄다리기 하듯 배를 끌며 상류로 올라간답니다. 상류로 올라갈 때와 마찬가지로, 하류로 내려갈 때에도 섬부들의 도움이 필요합니다. 지금은 모터보트의 등장으로 양쯔 강의 섬부들은 사라졌지만, 아직도 작은 강에는 멈춰선 배를 끄는 섬부가 남아 있습니다.

④ 제목 달기

▶ **삼협 계곡에 있는 섬부의 길** : 본문에서는 배를 이끄는 사람인 섬부들이 가는 섬부의 길에 대해 소개하고 있습니다. 그러나 전체 내용 중 일부분이므로 이 글의 제목으로는 범위가 좁습니다.

▶ **중국의 새로운 직업, 섬부** : 본문에서 나온 섬부라는 직업은 중국에서 사라지고 있는 직업입니다. 따라서 이 글의 제목과는 관계가 없습니다.

▶ **배를 끄는 독특한 직업, 섬부** : 본문에서는 중국의 독특한 직업인 섬부를 소개하고 있습니다. 따라서 이 글의 제목으로 적합합니다.

▶ **힘들고 고된 일, 섬부** : 본문에서는 섬부가 힘들고 고된 일임을 소개하지만, 글의 일부분입니다. 따라서 이 글의 제목으로 범위가 좁습니다.